U0062730

读一页就上瘾的

中国史

下

郑连根◎著

华龄出版社
HUALING PRESS

目录

第四辑　宋元

第五辑　明清

历史的烟火　古人的衣食住行

第四辑

宋元

五代十国——唐宋之间"权力的游戏"

朱温篡唐建梁，标志着五代十国时期的开始。

五代十国时期，其实是唐朝晚期藩镇割据的延续。这个时期，在黄河流域地区相继建立了梁、唐、晋、汉、周五个王朝，为了区别以前已有的王朝，历史上称他们为后梁、后唐、后晋、后汉、后周，这便是所谓的"五代"。"十国"是指在南方和山西地区建立的前蜀、后蜀、吴、南唐、吴越、闽、楚、南汉、南平（荆南）、北汉等十个割据政权。我们先简单地说说"五代"，然后再说"十国"。

朱温建立后梁之后，连年征战，横征暴敛，导致了民众暴动，统治就此衰落。沙陀人李克用之子李存勖灭掉了存在了十六年的后梁，建立了后唐王朝。李存勖被称为后唐庄宗，他很有军事才能，统一了中国北方，但他不善于治国，不久就死在了兵变中。李克用的养子李嗣源随后登上皇位。此人比较明智，统治后唐时推行休养生息的政策，使北方经济有了一定的发展。不过好景不长，后唐也陷入到了内乱之中。

李嗣源的女婿、河东节度使石敬瑭趁后唐内乱之机，以割让燕云十六州为代价，换取契丹人对他的支持。石敬瑭勾结契丹军队，推翻了后唐王朝，建立了后晋。更为可耻的是，为了巩固自己的帝位，石敬瑭竟然自称

"儿皇帝"，称契丹的耶律德光为"父皇帝"。这种自称"儿皇帝"的做法，把他钉在了历史的耻辱柱上。

但"儿皇帝"的日子并不好过，他要对"父皇帝"小心侍奉，稍有不恭，就要受到斥责。942年，石敬瑭死去。他的后继者称帝五年，"父皇帝"耶律德光还是发兵南下，灭掉了后晋王朝。947年，耶律德光在开封称帝，将契丹的国号改为辽，然后引兵北还。

后晋的河东节度使刘知远在辽太宗耶律德光北返后，建立了后汉王朝，随后夺取了开封，并将都城定在那里。

后汉王朝只存在了四年，就被邺城（今河北临漳西南）留守郭威所推翻。郭威即周太祖建立了后周王朝。他是一位比较有为的统治者，经过他的治理，后周的社会面貌为之一新。郭威死后，继承者为周世宗柴荣，他也是一位难得的政治家，一面改革政治，一面准备统一。他自己规划，要做三十年的皇帝，用十年的时间来开疆辟土，用十年的时间来休养百姓，再用十年的时间来开创太平盛世。可惜的是，他本人在位仅仅五年就去世了。960年，发生了著名的陈桥兵变，赵匡胤篡夺后周王朝，建立了宋朝。

在北方改朝换代之际，南方及山西地区的十个割据政权，利用有利时机发展经济。吴越和南唐地处富庶的长江中下游，在各个割据政权中堪称"地大力强，人才众多"，他们经过二十多年的发展，经济和文化都呈现出一派繁荣的景象。

在四川一带的前蜀、后蜀在这一时期也有很大发展，原因就在于：动乱之世，大批文人学士从中原地区避难蜀地，为这里带来了发达的中原文化。

最令人刮目相看的，当属钱镠治理下的吴越国。生逢乱世，钱镠深知小国处境艰难，在外交上极力斡旋，不惜放低身段，"以小事大"。他通过这种外交上的努力，换得了吴越国的和平发展环境。在国内，他发动民众构筑捍海石塘，设置龙山闸、浙江闸，治理内涝。为了纪念钱镠沿江建造石堤的功绩，后人就把他治理过的这条河叫钱塘江。

钱镠雕像

钱镠，杭州临安（今浙江临安区）人。五代时期吴越国的建立者。

钱镠还扩建都城杭州，修建城内的道路、市场，还扩建灵隐寺，新建了昭庆寺、净慈寺、灵峰寺、云栖寺、六通寺等，后来杭州有名的雷峰塔、六和塔、白塔等也都兴建于此时。钱镠治理吴越时取得的良好成绩，为后来南宋在杭州建都奠定了基础。

"五代"均在北方的黄河流域，"十国"则多在长江以南。在史书上，多奉"五代"为正统，原因就在于他们的政权"上承唐，下启宋"，其实，"五代"加在一起只有五十四年的时间，政权更迭之频繁，正可说明那时的北方实实在在是一个乱世。与之相比，"十国"则国运更长些，治理也较"五代"更有成效。也就是说，经过这一阶段之后，北方愈加遭到了破坏，而南方则得到了一定的发展。自此之后，中国的北方开始全面落后于南方。

六和塔

在浙江杭州市西南钱塘江滨月轮山下。北宋开宝三年（970年），吴越王钱俶为镇江潮而建。今天人们所看到的塔外部木檐为清光绪二十六年（1900年）重建，但仍存宋朝的砖木结构塔身。

唐朝末年爆发了黄巢起义，为了镇压起义军，唐朝不得不借助沙陀人的势力。沙陀将领李克用就此崛起，他因帮助唐朝镇压黄巢起义有功，被封为晋王。

908年，李克用病死。临死前，他交给儿子李存勖三支箭，嘱咐他要完成三件大事：一是讨伐燕王刘仁恭。原因是李克用曾向唐朝保荐刘仁恭为卢龙节度使，可后来刘仁恭却反过来出兵打败了李克用，依附了李克用的仇敌朱温。二是征讨契丹。原来，李克用曾在907年与契丹首领耶律阿保机结拜为兄弟，结成同盟，相约一起进攻朱温。可是后来，耶律阿保机背叛了约定，与朱温通好，共同对付李克用。三是要消灭宿敌朱温。朱温曾邀请李克用赴宴，趁机将其灌醉，然后想放火烧死他。李克用幸得属下相救才侥幸免死。另外，两人争夺天下，朱温最后胜出，并篡唐建梁。

这三支箭就是李克用的三条政治遗嘱。李存勖将三支箭放在精制的丝套里，郑重地供奉在家庙里，每次出征就派人取来，带着上阵，等打了胜仗，再送回家庙。这样的做法大有越王勾践卧薪尝胆的意味，从这里也可看出，李存勖并非凡人。

李存勖是李克用的长子，自幼擅长骑射，胆力过人。李

守诺后的荣耀——李克用的三支箭

李克用雕像

李克用,唐末沙陀部人,朱邪赤心(李国昌)之子,长期与朱温交战。其子李存勖建立后唐,尊其为太祖武皇帝。

存勖成年后英勇善战,还喜爱音乐、歌舞等,堪称多才多艺。

父亲病死之后,李存勖承袭晋王之位。他凭着出色的军事才能,于911年在高邑(今河北高邑)打败了朱温的五十万大军。接着又攻破燕地,将刘仁恭和他的儿子刘守光活捉,押回太原。三年后,他又大破契丹,打败了耶律阿保机的军队。很快,河北各州县已尽归李存勖所有。923年,李存勖在魏州(治今河北大名东北)称帝,国号为唐,史称后唐,不久迁都洛阳。同年十月后唐灭掉后梁,统一了北方。可以说,经过十多年的征战,李存勖基本上完成了父亲的遗愿。

如果只看前半段,李存勖的人生堪称一个完美的励志故事。可是,在建立后唐之后,李存勖的人生就发生了逆转。他是军事上的强人，却是治国方面的弱者。称帝以后，李存勖认为父仇已报，中原已定，便开始享乐。他自幼喜欢看戏、演戏，即位后，常常面涂粉墨，穿上戏装，登台表演，不理朝政，并自取艺名"李天下"。

他宠信伶人，导致伶人傲视群臣、诸将。众人敢怒不敢言，有的甚至反过来巴结伶人。伶人景进大进谗言，陷害忠臣良将，干预朝政。李存勖还用伶人做耳目，去刺探群臣的言行。李存勖宠信伶人的做法激起了将士们的不满，为日后的兵变埋下了伏笔。

926年，李存勖听信谗言，冤杀了大将郭崇韬，另一战功卓著的大将李嗣源也险遭杀害。这年三月，李嗣源在将士们的拥戴下发动叛乱，率军进攻大梁。李存勖仓促之中率军去镇压。大军行至中牟县时，听说李嗣源的军队已经进入了汴京，李存勖又急忙返回洛阳，路上兵士逃走了一半。回到洛阳后，他试图抵抗李嗣源的进攻，但此时军心已散。一天，李存勖正用早餐。他的近卫军在指挥使郭从谦的率领下又发动了兵变，叛乱的士兵杀入宫内，乱箭射死了李存勖。讽刺的是，这个郭从谦原本就是一个伶人，正是李存勖将他提拔为指挥使的。

针对李存勖的悲剧，宋代大文豪欧阳修写下了"忧劳可以兴国，逸豫可以亡身"的警句，意思是忧思辛劳可以使国家兴盛，而贪图享乐则可使自己灭亡。李存勖的人生，前半段注解的是"忧劳可以兴国"，后半段则恰可说明"逸豫可以亡身"。

上进者的角逐：契丹的崛起

契丹原本是鲜卑族的一支，北魏时期，它从鲜卑族宇文部中分离出来，主要活动在今内蒙古赤峰市和辽宁西部的广大区域。随后，契丹族分为悉万丹、何大何、伏弗郁、羽陵、日连、匹絜、黎、吐六于八个部落，各部落平时逐水草而居，过着游牧生活，并与北魏建立了朝贡关系。

隋朝时，契丹族分别依附于隋朝和突厥，继续游牧于辽西地区。隋大业元年（605年），契丹族南下营州（今

卓歇图（局部）
胡瑰是契丹人，五代后唐画家，擅长描绘北方游牧民族的生活。这个作品中人物惟妙惟肖，鞍马众多，却神色各异。（五代·胡瑰）

辽宁朝阳）地区时，遭到突厥的袭击，四万人被俘，受到重创。

到了唐朝贞观年间，契丹诸部归附唐朝。唐设松漠都督府（治今内蒙古巴林右旗南），任命契丹部落联盟首领大贺窟哥为左领将军兼松漠都督府都督，赐姓李氏，管理契丹事务。

契丹旧制，部落联盟首领由八部首领中推一人担任，每三年推选一次。随着社会经济的发展，这种三年推选一次酋长的旧制逐渐遭到破坏。

唐末国势衰微，契丹族趁势兴起。未经唐朝许可，他们即自选迭剌部夷离堇，耶律阿保机就是在这种情况下脱颖而出的。901年，耶律阿保机担任迭剌部夷离堇，当年他就率部连破室韦、六奚诸部，随后又被任为大迭烈府（部）夷离堇，次年攻掠河东、代北，第三年讨伐女真，又劫掠河东、蓟北。随着契丹势力日益强大，耶律阿保机也升任为最高官职于越、总知军国事，取代遥辇氏痕德堇可汗成为实际掌权者。此后耶律阿保机又击败唐刘仁恭的大军，声威大震。

辽太祖雕像

辽太祖也就是耶律阿保机，辽王朝的建立者。916年称帝，建立契丹国家，年号"神册"。

905年，耶律阿保机与唐河东节度使、晋王李克用结盟。次年，积极进行篡位的梁王朱温也派使臣与耶律阿保机互聘。于是，依靠强大的军事力量及日益增长的声望，在遥辇氏痕德堇可汗去世后，耶律阿保机于907年当上了契丹新可汗。

耶律阿保机担任契丹可汗后，继续扩展势力，建立并完善了契丹的政治制度，吸收汉族文化，发展农垦，建立州县，以汉制统治汉人。916年，耶律阿保机称帝，正式建立契丹国，定都临潢府（今内蒙古赤峰巴林左旗林东镇南），随后又创建契丹文字。耶律阿保机便是辽太祖。

耶律阿保机于925年东征渤海国，次年攻灭渤海国，于其旧地建东丹国统治渤海遗民，册立皇太子耶律倍为东丹王。耶律阿保机还想南征中原，但天不假年，他于926年病逝。

耶律阿保机病逝后，他的妻子述律平摄政，次子耶律德光总揽朝政。927年，耶律德光即位，即辽太宗。

936年，后唐发生内乱，河东节度使石敬瑭自称"儿皇帝"，以割让燕云十六州为条件，请求耶律德光支援他攻打后唐。耶律德光遂亲率五万骑兵，在晋阳、洛阳等地击败后唐军队，协助石敬瑭灭掉了后唐，石敬瑭得以建立后晋。契丹国得到燕云十六州后，势力大增。

燕云十六州的地理范围，包括今天的北京、天津、河北北部，山西北部等区域。这一地区位于长城沿线，地势险要，易守难攻，自古以来就是兵家必争之地。若中原的农耕民族控制了这一区域，就能有效地抵御游牧民族的入侵。若失去了这一区域，他们在战略上就处于极其不利的地位。此外，燕云十六州还是北方主要的战马产地之一。在冷兵器时代，战马是一种极为重要的战略资源。战马的质量和数量在很多时候都是衡量一个政权军事实力的重要指标。契丹控制了燕云十六州，也就在与中原王朝的对抗中占据了极大的地理优势。后来，宋朝建立，宋太祖赵匡胤多次与辽交涉，试图赎回燕云十六州，都没有成功。宋太宗赵光义对辽发动战争，试图夺回燕云十六州，也失败了。

942年，后晋出帝石重贵即位，他不愿向契丹臣服，上表称孙不称臣。辽太宗趁机率军南下，于 947 年攻克后晋首都汴梁，后晋亡。契丹国至此又占领大部分的中原地区。二月，耶律德光改国号为大辽，辽朝正式成立。虽然辽太宗有长久经营中原的意图，然而契丹士兵掠夺百姓财物，招致中原人民的强烈反抗。于是，耶律德光被迫引军北返，最后在河北栾城病逝。

耶律德光之后，辽国政局一度陷入内乱之中，其勃兴的势头受到了影响。不过此时的契丹已然非常有实力。此时的辽代朝廷多用汉人，不少皇帝也通汉学，其对中原文化学习的态度也算真诚。对此，钱穆先生在《国史大纲》中说："以耶律德光与石敬瑭、刘知远相较……耶律德光的政治成绩要比石敬瑭、刘知远好得多。此因耶律德光诚心想模仿中国，而石敬瑭、刘知远还只是想用兵力霸住地位……因一面有理想求上进，一面无理想只求霸占。所以想上进者，因其为一部族中之优秀领袖，能知为远大永长之计。所以只想霸占者，因其本来出身行伍，徒藉兵强马大，非有远志。"钱穆先生的这个论断，很是耐人寻味。在统治者都缺少必要文化涵养的情况下，谁能开创一番大基业，往往就要看谁有理想，有追求。

"温水煮青蛙"——从陈桥兵变到澶渊之盟

自唐末藩镇割据直到五代，割据一方的军阀通过发动兵变称帝已形成一种风潮，后唐李嗣源是通过这种方式当上的皇帝，后周郭威也是通过这种方式当上的皇帝。现在又轮到赵匡胤用这种方式当皇帝了。

赵匡胤为了当皇帝发动的这场兵变更有名，那就是陈桥兵变。

陈桥兵变是在一夜之间发生的事，但之前的背景也有必要了解一下。959年，正谋划着攻取幽州的后周世宗柴荣突然病逝，年仅三十九岁。柴荣驾崩后，年仅七岁的儿子柴宗训继承了帝位，是为后周恭帝。

960年正月初一，忽然传来辽国要大举进攻后周的消息。后周朝廷赶紧派大将赵匡胤前去迎敌。不料赵匡胤却托言兵少将寡，不能出战。无奈之下，朝廷只得将最高军权托付给赵匡胤，给予他调动全国兵马的大权。于是，赵匡胤统率大军从东京城（今河南开封）出发，赶赴前线。当部队赶到开封北面的陈桥驿时，兵变发生了。此时为960年正月初三。

这一天的清晨，尚在睡梦中的赵匡胤被一阵嘈杂的人声吵醒，他还没来得及穿好衣服，房门就被人打开了。然后，就有人（赵光义和赵普）将

赵匡胤像

宋太祖赵匡胤，涿州（今属河北）人，宋朝的建立者。国号宋，建元"建隆"。

一件皇帝穿的黄袍披在了赵匡胤的身上。

睡眼惺忪的赵匡胤将目光投向门外，只见一大群士兵已经齐刷刷地跪倒在地，口中高喊："万岁！万岁！"

此时，赵匡胤做出被迫无奈的样子，以很不情愿的口吻对部下说："汝等自贪富贵，立我为天子，能从我命则可，不然，我不能为若主矣。"

拥立者当然一致表示"唯命是听"。

于是，赵匡胤当众宣布，我们不去前线打辽国了，先回开封称帝，同时与部下约定，对后周的太后和小皇帝不得惊犯，对后周的公卿不得侵凌，对朝市府库不得侵掠，服从命令者有赏，违反命令者族诛。

就这样，赵匡胤率兵变的队伍回师开封，把小皇帝柴宗训请下宝座，自己做了皇帝，并改国号为宋。大宋王朝建立了，赵匡胤也就成了宋太祖。

正史上叙述的陈桥兵变，仿佛赵匡胤是被部下胁迫，在万不得已的情况下才称帝的。这种情况可以套用一句流行语言形容："还没来得及思考，美好的事情就发生了。"不过也有史学家认为，整个陈桥兵变都是赵匡胤事先策划好的，他只不过是临时装出被迫无奈的样子，以掩饰自己的篡位野心罢了。

赵匡胤靠兵变篡夺了后周孤儿寡母的江山，自己这么夺了别人的江山，他也怕别人效仿，用同样的办法篡夺大宋的江山。出于对手握重兵的开国武将的忌惮，他就又导演了一幕"杯酒释兵权"的戏码。赵匡胤大摆筵席，请开国的武将来赴宴。宴席之上，他对石守信、高怀德等高级将领说："若不是靠你们出力，我是做不了皇帝的，为此我很感念你们的功德。但做皇帝也太艰难了，我现在整个夜晚都不敢安枕而卧啊！"

石守信、高怀德等人骇然，忙问其故，赵匡胤继续说："这不难知道，我这个皇帝的位子谁不想要呢？"

石守信、高怀德等人听出话中有话，连忙叩头说："陛下何出此言，现在天命已定，谁还敢有异心呢？"

宋太祖说："不然，你们虽然无异心，然而你们部下想要富贵，一旦把黄袍加在你们身上，你们即使不想当皇帝，到时也身不由己了。"

宋朝诸位开国功臣赶紧恳请皇上给他们指一条明路。

赵匡胤告诉他们："人生苦短，人们所求的不过是富贵。我看你们不如交出兵权，多置良田美宅，好好享受人生，也为子孙挣得一份永久的产业。这样，我们君臣之间两无猜疑，上下相安，不是很好吗？"

第二天，石守信、高怀德等开国功臣就纷纷上表，称自己有病，要求解除兵权，赵匡胤欣然同意。这就是历史上有名的"杯酒释兵权"。

通过"杯酒释兵权"，宋太祖赵匡胤将兵权从开国武将的手中收回，消除了造成五代十国混乱局面的藩镇割据形势。与此同时，赵匡胤还将地方的财政权和官员任免权都收归了朝廷。如此一来，宋朝中央集权的帝国体制重新走上了正常轨道。

完成了中央集权之后，赵匡胤将南方的割据政权——征

武士石刻像

此为宋朝执剑武士，武士身穿铠甲，着战袍，右手紧握剑柄，左手提握腰带。

服。976 年，宋太祖赵匡胤驾崩，他的弟弟赵光义继位，是为宋太宗。979 年，宋太宗成功征服了山西境内最后一个地方割据势力——北汉，完成了统一中原的任务。

宋太宗还想着夺回契丹人占领的关内领土，遂发兵进攻辽国占据的幽州地区。但宋太宗的这次北征行动失败了，宋军大败，宋太宗本人也中箭溃逃。但他并不甘心，在 986 年再次进攻契丹。这次，宋军还没有到达幽州，就在今天的北京和保定之间，被契丹人击败了。契丹军队乘胜追击，一路进攻到河北南部。

宋太宗两次进攻契丹失败后，战争的主动权转到了契丹人统治的辽国手中。到宋太宗的儿子宋真宗当皇帝的时候，契丹人继续入侵中原，一直进攻到黄河边上，逼近宋朝的都城开封。一时之间，北宋朝廷不知所措，是战是和，动摇不定。幸好，在主战派大臣寇准的坚持之下，宋真宗赶赴澶渊（今河南濮阳西），坐镇指挥。宋真宗御驾亲征，极大地激发了守城将士们的士气，挫败了契丹人的攻势，辽国大将萧挞凛在视察地形时还被宋军的床子弩射死。

澶渊之盟场景复原图

澶渊之盟的签订，实现了辽宋两国边境近百年的和平。

契丹人进攻受挫，只好向宋朝发出议和的请求。于是双方缔结了澶渊之盟。两国称兄道弟，宋每年送给辽岁币银 10 万两、绢 20 万匹。而辽国则从新占领的河北南部地区撤军，向北退到今天的北京至大同一带。

澶渊之盟签订之后，宋、辽之间一百多年没再发生战争，双方礼尚往来，通使殷勤。辽国发生饥荒，宋朝会派人去赈济，宋真宗崩逝，辽圣宗也"集蕃汉大臣举哀，后妃以下皆为沾涕"。

以前，曾有史书认为澶渊之盟是宋人签订的一个屈辱的条约。今天看来，澶渊之盟对双方来说都有收获，辽国得了财物，宋朝也收回了一部分领土。尤其是，条约签订之后确实达到了实现长久和平的目的。因此，我们与其说澶渊之盟是宋人军事上和外交上软弱的表现，不如说它正是宋朝"以财富换和平"外交策略的一次具体落实。

976年，宋太祖赵匡胤驾崩，其弟赵光义即位。在这场权力交接的过程中，就有了一桩"烛影斧声"的疑案。

这一年的十月十九日夜，阴风呼啸，霰雪纷飞。宋太祖赵匡胤召弟弟赵光义进入宫中，两人置酒对饮，并令宦官、嫔妃全部退下。

退到远处的宦官透过烛影看到，赵匡胤和赵光义兄弟两人时而畅饮，时而交谈，时而赵光义又离席做谦让之状。

兄弟二人的饮酒交谈持续了非常长的一段时间。三更都过了，这场夜饮还未结束。此时，殿外都已积下了一层厚厚的雪。忽然，宦官们从烛影中看到宋太祖赵匡胤手持柱斧（一种文房用具）击地，同时对赵光义高喊两声，"好做！好做！"然后便解衣就寝，鼾声如雷。这天夜里，赵光义也留宿在了宫中。将近五更的时候，宦官们发现宋太祖赵匡胤的房中寂静无声，进去一看，发现赵匡胤已暴毙。

宋太祖赵匡胤在烛影斧声之中暴毙，实乃千古难解之谜。有人说，宋太祖赵匡胤的死因是饮酒过量导致猝死；也有人说，是赵光义为了夺取皇位谋害了哥哥赵匡胤。但不管怎么说，宋太祖驾崩之后，赵光义以弟弟的身份继承皇位，是为宋太宗。

宋太宗继承皇位之后，曾于979年北征契丹，结果大败。宋军溃败之际，朝廷不知宋太宗本人是死是活，有人准备拥立宋太祖赵匡胤的儿子赵德昭为新帝。宋太宗回来之后，非常害怕，后来干脆逼死了赵德昭。两年之后，赵匡胤的另一个儿子赵德芳也不明不白地死去，年仅23岁。

赵匡胤两个儿子的非正常死亡，再加上此前的烛影斧声事件，显然让人对宋太宗赵光义产生怀疑，这种怀疑甚至足以动摇其执政的合法性。不过，在赵光义当上皇帝的第六年，赵普献上一份密奏，赵光义的这块心病随之药到病除。赵普在密奏中称，早在961年，宋朝杜太后（也就是赵匡胤、赵光义、赵光美的生母）病重，太祖赵匡胤在旁侍疾，杜太后临终时召赵普入宫记录遗言，交代未来的皇位继承问题，劝说宋太祖赵匡胤死后传位给弟弟赵光义。这份遗书藏于金匮之中，名为"金匮之盟"。

金匮之盟到底是真是假，历来众说纷纭。如果说它是假的，正史上有白纸黑字的记录。可如果说它是真的，那如此重要的东西，为什么不在宋太祖赵匡胤死后的第一时间就拿出来？这也着实不合常理。

就宋朝当时的情况而论，金匮之盟的出现对于赵光义来说显然有雪中送炭之效。既然宋太祖赵匡胤传位给弟弟

金匮之盟浮雕像

赵光义是奉母命而为，那么赵光义不但摆脱了谋害哥哥的嫌疑，而且继承帝位也是名正言顺的，其执政的合法性随之坚不可摧。

由于烛影斧声和金匮之盟均有种种疑点，不能证实，亦不能证伪，史学界将二者与陈桥兵变合在一起，称为"宋初三大疑案"。

大宋王朝的"蝴蝶效应"

有一种叫"蝴蝶效应"的理论，其形象的说法是：南半球一只蝴蝶偶尔扇动翅膀所带起来的微弱气流，几星期后竟引起了席卷美国得克萨斯州的一场龙卷风！原理就是，一件事物的初始状态非常重要，初始状态的极微小差异，往往会导致发展过程和结果的极大不同。对宋朝来说，陈桥兵变和杯酒释兵权就是蝴蝶扇动的两只翅膀，它明确无误地确立了宋朝重文轻武的立国原则。这一原则深刻地影响了整个宋朝的国运。宋朝后来在经济和文化上所取得的巨大成就与这一原则有关，宋朝后来在对外关系上的积弱不振也与这一原则有关。

宋太祖赵匡胤是由士兵拥立而当上皇帝的，但他称帝之后第一要务就是想尽办法抑制武将的权力。为了压制武将，宋朝就优待文人士大夫，让文人永远压在武人头上。据传宋太祖赵匡胤立有祖制："不杀大臣及言事官。"这是一项极重要的政治遗嘱。两宋三百多年，历代皇帝都忠实地执行这项祖制，对文人持一种少有的宽容态度。对于优待文人的理由，赵匡胤对宰相赵普说："五代方镇残虐，民受其祸。朕令选儒臣干事者百余，分治大藩，纵皆贪浊，亦未及武臣一人也。"意思是，藩镇割据在五代时期造成的危害实在是太严重了，我大宋王朝坚决不能重用武人，需转而重用文人，文官即便贪污腐败，其危害性也不及武将的十分之一。

为了显示对文人的优待，宋朝尤其重视科举。唐朝时期，文人中进士后还要再通过吏部的考试才能获得官职，但到了宋朝，考中进士者立即进入仕途。另外，唐朝录取进士，每年多者不过百。到了宋朝，录取进士的人数大大增加了。太平兴国二年（977 年），宋朝录取进士多达几百人。录取的人数多，考进士的人数当然就更多了。太平兴国八年（983 年），应进士试者多达 10 260 人，淳化二年（991 年）更是多达 17 300 人。

宋朝是文人的黄金时代，士人进士及第，是一件无上光荣之事。皇帝往往会亲自主持殿试，得进士者即为天子门生。若名次靠前，则必能在官场中快速升迁。因此，每当殿试后产生新状元，自公卿至庶民，无不前来围观。

宋朝如此优待文人，不仅很快就营造出重文轻武的社会氛围，而且还造就了一套成熟的文官制度。皇帝在中央牢牢控制着军权、财政权和用人权，然后用饱读诗书的文人去处理具体的行政事务，代替皇帝治理地方。这种文官制度显然比以前的贵族政治更为公正、合理，也比唐末至五代时期的藩镇割据局面更加安全。在宋朝之前，常有大将、后妃或者重臣夺权篡位的事情发生，但宋朝建立之后，再无大将、后妃或权臣篡权的事情发生。另外，通过大规模科举的方式选拔文官，成功地将大量人才（尤其是优秀的平民子弟）吸纳到了朝廷。优秀的平民子弟可以通过科举进入官场，参与朝廷管理之中，这等于开通了底层人才上升的通道，不致造成社会阶层板结、固化的弊端。所有这些，都使宋朝的政治比以前更加稳定，社会的经济和文化也更加繁荣。

现在的史学界一致认为，宋朝的经济和文化比唐朝还要繁荣。在宋朝开国的前六七十年，经济持续增长，整个社会也在文治思想的贯彻下呈现蒸蒸日上的局面。宋朝的农业生产有了惊人的发展，在11世纪早期从越南引进了能快速成熟的占城稻，宋朝还修建了许多大型的水利工程，扩大了水稻的种植面积，这些都极大地提高了稻米的产量。在宋朝，种茶、纺织、漆器、烧瓷等技术也日趋成熟，并得到了广泛的推广。中国古代著名的四大发明，其中就有指南针、火药和活字印刷三大发明出现在宋朝，宋朝科技之强悍于此可见一斑。

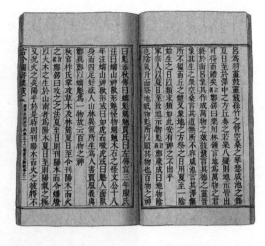

铜活字印本

收藏于故宫博物院的《古今图书集成》。它是铜活字印刷，在清朝铜活字的铸造和印刷技术，已经很成熟。

商业贸易在宋朝得到了较好的发展，商业行会产生了，聚集大量人口的商业大都市也产生了。商业活动不仅在国内，而且还拓展到了国外。宋朝的茶叶和丝绸等商品深受辽、金、西夏等国的喜爱。宋朝从这些出口贸易中赚得的资金，不但足以支付给这些国家的"岁币"，而且还可以购进北方的马匹及其他物资。

商业经济的飞速发展打破了自给自足的生产方式，使得社会出现了都市化和商业化的倾向。此外，随着科举制度的完善，大量平民子弟登上政治舞台，导致豪门贵族的政治影响日益黯淡，世袭的爵位在宋朝已显得不那么重要。由于整个社会重视文化和商业发展，相伴而来的是平等思想深入人心，高雅的文化和艺术追求开始受到空前的重视。可以这么说，两宋王朝最大的特点就是，在文治思想的指导下，整个社会向着商业化、都市化和平民化的方向

迈进了一大步。两宋王朝在哲学、史学、文学、绘画、书法等各个文化领域均取得了骄人的成绩。著名历史学家陈寅恪先生就说："华夏民族之文化，历数千载之演进，造极于赵宋之世。"

当然，宋朝重文轻武的举措也造成了显而易见的弊端，最明显的就是军事上的软弱，由于宋太祖赵匡胤对武人的深深忌惮，所以他在制度设计上就将统兵权和调兵权分开了，此举使得将不知兵，兵不知将，将帅和士兵之间不能形成生死相依的亲密关系，避免了武将发动兵变、颠覆政权的内忧。可是，这种制度设计也导致宋朝军队的战斗力比较低下，在对外作战中多采取防御的态势，不能像汉朝和唐朝那样具有主动出击的强大军事

听琴图

相传是北宋宋徽宗赵佶创作的作品。他曾亲自主持翰林图画院，编辑《宣和书谱》《宣和画谱》。（宋·赵佶）

实力。军队战斗力低，就不得不大量招募兵员，兵员数量庞大，消耗了大量的军费。另外，宋朝优待文人，不但给文官比较高的俸禄，而且还形成了冗官的形势。冗官，消耗了宋朝大量的财资。冗官和冗兵与日俱增，最终导致国家从富强转为贫弱。对此，钱穆先生在《国史大纲》中说："宋朝竭力想抑制武人，然而却根本不能去兵。宋朝又竭力想提高文治，然而亦根本不能对文吏有一种教育与培养。结果虽有兵队而不能用。兵队愈不能用，则愈感兵队之少而兵队反日增。文臣虽极端优待，而亦得不到文臣之效力。结果文臣气势日高，太阿倒持，文臣一样像骄兵悍卒般，只来朘吸国家的精血。"

🌀 宋朝的变法

　　北宋王朝共有九个皇帝：宋太祖、宋太宗、宋真宗、宋仁宗、宋英宗、宋神宗、宋哲宗、宋徽宗、宋钦宗。在宋仁宗至宋神宗期间，北宋王朝进行了两次变法运动，分别为范仲淹主持的庆历新政和王安石主持的熙宁变法。这两次变法主要是因为宋朝的财政困难而引发的，而宋朝的财政困难又与宋朝的"冗官"和"冗兵"两大痼疾密切相关。

　　宋太祖赵匡胤建国之后，宋朝为了防止军阀割据，就将行政权、财政权、军权都收归朝廷，同时尚文抑武，用文官治国，处处提防武官。宋朝大开科举，对考中科举的文人授予官职，此举导致官僚机构庞大臃肿，出现了很多冗官。此外，宋朝为了防止武将专权，实行"更戍法"，即士兵定期换防，这就不得不大量养兵。这种做法导致宋朝"兵多而不精"，军队中有大量的冗兵。冗官和冗兵消耗了宋朝大量的财力，致使宋朝财政每每入不敷出。

　　宋仁宗当政期间，宋朝与西夏作战。战事一起，宋朝的财政愈发窘困，几乎到了崩溃的边缘。在对西夏用兵时，宋仁宗起用了范仲淹、韩琦，这两人经略西北很有成绩。待西夏边患解除后，宋仁宗遂任命范仲淹、韩琦、富弼三人执政，并对三人施以特殊的礼遇，特开天章阁，召对赐坐，给笔札，让他们奏疏，陈述富国强兵的改革方案。

不久，范仲淹上奏了《答手诏条陈十事》，详细陈述了变法主张。范仲淹等人的变法主张，大致分三项：澄清吏治、富国强兵以及建立一套能让贤能者上升、让庸者退出的黜陟机制。这套变法的整体思路是：欲求强兵，必先富民；欲行富民之政，必先从澄清吏治下手；而要想澄清吏治，就必须建立一套能者上、庸者下的机制。

对于范仲淹提出的变法主张，宋仁宗全部接受了，庆历新政由此启动。可是，范仲淹的改革主张引起了很多官僚的反对。宋朝有上百年的优待士大夫的传统，官员有很多特权。范仲淹推行变法，要罢黜不合格的官员，将其赶出待遇优厚的官僚队伍，这不仅是动了官僚的奶酪，而且等于直接砸了一些人的饭碗。这样一来，怎么会没人反对变法呢？

庆历新政中有一项叫"择官长"，就是选择各路的转运按察使，再让他们负责来甄别下面的官吏。在选择各路转运按察使时，范仲淹翻阅班簿，发现不称职的人就一笔勾去，毫不留情。

见范仲淹罢黜庸官如此决绝，富弼不无担忧地说："一笔勾之甚易，焉知一家哭矣。"（您一笔把他的名字勾掉很容易，可他的一家人都要痛哭。）

范仲淹回答："一家哭何如一路哭耶！"（让一家人哭总比一个地区的百姓都哭要好些吧！）

范仲淹坚决罢黜庸官的做法，对朝廷来说是十分正当

范仲淹像

范仲淹，北宋政治家、文学家。苏州人。庆历三年（1043年），范仲淹任参知政事，推行改革。因为保守派反对，最终没能实现。《岳阳楼记》中的"先天下之忧而忧，后天下之乐而乐"一句传诵千古。

宋仁宗像

宋仁宗,北宋皇帝,宋真宗之子。在位之初,刘太后听政。太后死后,他才开始亲政。他在位期间,西夏强盛,宋兵屡遭失败。因此,他在位期间官员、士兵大增,形成冗费、冗官、冗兵的局面。

的,可对一些官员来说却是灾难性的。大多数官员都不愿意看到自己的特权被剥夺,他们就联合起来毁谤新政,并指责范仲淹、韩琦、富弼、欧阳修等人是"朋党"。

在官僚集团的反对之下,范仲淹于庆历五年(1045年)被罢去参知政事之职,同一天,富弼被罢去枢密副使。不久,韩琦也被罢去枢密副使,欧阳修被罢去河北都转运使。至此,主持变法改革的主要人物全被逐出朝廷,实行了仅一年的庆历新政随之失败。

庆历新政失败后,宋朝的社会矛盾依然存在,土地兼并日益严重,宋朝的财政依旧空虚。很多人对这种积贫积弱的情况强烈不满,要求改革的呼声越来越强烈。正因如此,范仲淹被罢官不到三十年,一场规模更大、影响更深、争议也更大的变法继之而起,这就是王安石主持的熙宁变法。熙宁变法实际上可说是庆历新政的继续与深化——这两次变法的目标完全一致,都是为了实现富国强兵。

王安石绝对是北宋政坛上一位特立独行的人物,他志向远大,生活俭朴,道德学问都是一流的。他参加宴会时,吃菜只吃离自己最近的那一个,离自己远的都懒得去碰。别人科举中进士的时候都兴高采烈,可王安石考中进士时十分淡定。据说,公布科举成绩时,他连看都没看,因为他早就认定自己是重任在肩的人物,区区一个科举考试又算得了什么?怎么会考不过呢?果然,他轻轻松松地就以第四名的好成绩高中进士。科举成绩这么好,皇帝就想将他留在身边,但王安石又一次显示出了他的个性，他拒绝了人人艳羡的在皇帝身边工作的美差，主动申请到地方去做官。在地方工作的官员经常要参加宴会，但王安石偏偏滴酒不沾。他的全部心思，都用在了调查研究之上。此外，王安石还研究古书典籍，著书立说，以大胆的思想重新解释儒家经典。

1067年，宋神宗即位。这位年仅二十岁的皇帝血气方刚，心怀富国强兵的梦想，他久慕王安石大名，开始重用王安石，两年后，他任命王安石为参知政事，实行全面的变法。

王安石像

王安石，北宋政治家、思想家、文学家。抚州临川（今江西抚州）人。庆历间进士。宋神宗即位，王安石被召为翰林学士兼侍讲，上书提出改革，与宋神宗意合。后来，他推行变法，史称"王安石变法"。

王安石一上台，便实施了一系列整顿财政、加强边防的改革，史称"王安石变法"，因为这一系列变法发生在北宋熙宁年间，也称"熙宁变法"。

王安石变法内容主要也是三大项，针对宋朝财政空虚的问题，他从理财的角度实施了均输法、市易法、青苗法、农田水利法、方田均税法等，内容如下。

朝廷设立发运使，掌握东南六路的生产情况及政府的需要情况，按照"徙贵就贱，用近易远"的原则，统一收购和运输，以降低宋朝的开支，是为均输法。

朝廷在某项商品价格偏低时买进，然后再在等价格回升时卖出，这样用行政手段调整物价的方法，既能稳定物价，朝廷又可从中获利，是为市易法。

朝廷在每年青黄不接的时候向农民放贷，利息为20%左右，夏秋庄稼收获之后再还本偿息。此举既可打击高利贷者对农民的盘剥，又可增加国库收入，是为青苗法。

朝廷鼓励垦荒，兴修水利，当地百姓可按贫富等级不同集资修建水利工程，也可向州县朝廷贷款修建水利工程，是为农田水利法。王安石还派人重新丈量土地，按照土地质量的优劣分级征收赋税，是为方田均税法。

针对宋朝兵多不精、军事力量太弱的现实，王安石实行了保甲法、裁军法、保马法、军器监法。保甲法的内容是将乡村农民加以编制，十家为一保，民户家有两丁（即两个成年男性）以上抽一丁为保丁，农闲时集中接受军事训练，寓兵于民，提升军事力量。

针对宋朝军队冗兵太多的缺点，王安石实行裁军法，规定士兵五十岁后必须退役，同时还对士兵进行各项测试，做禁军不合格者改为厢军，厢军不合格者则改为民籍，用这种办法裁减冗兵。保马法是将原来由朝廷雇专人监养的战马改为由保甲户的百姓来替朝廷牧养。保甲户自愿养马，朝廷则免除养马户部分赋税，此举可为朝廷节省大量的养马费用。军器监法是指要严格督造兵器，提高武器的质量。

在改革人才的选拔方式上，王安石则颁布贡举法，废除明经科，专以进士科取士，而进士科的考试则以经义和策论为主，此外还增设了法科、武学、医学等专科学校，以培养专门人才，又采用学校与科举相结合的制度，把太学分为外舍、内舍、上舍三等，在一定年限及条件下，外舍生得升入内舍，内舍生得升入上舍。最后按科举的考试法，分别规定其出身并授管制，是为三舍法制度。

王安石变法充实了朝廷财政，提高了军事力量，对豪强大户的非法渔利行为也进行了有力的打击，在一定程度上改变了北宋积贫积弱的局面。但是，变法在推行过程中由于用人不当及实际执行中的不良运作，给百姓造成了一定程度的伤害。

熙宁七年（1074 年），天下大旱，大量流离失所的灾民涌向都城开封。在重大的天灾面前，人们怀疑是王安石的变法措施触怒了上天。一位叫郑侠的官员将灾民的惨状画成《流民图》，呈给宋神宗，并上疏请求罢黜新法，疏称："但经眼目，已可涕泣，而况有甚于此者乎！如陛下行臣之言，十日不雨，即乞斩臣宣德门外，以正欺君之罪。"

宋神宗看了《流民图》和郑侠的泣血上疏后，"反复览图，长吁数四""是夕寝不能寐"。第二天，宋神宗下令开封府接受灾民，发放救济粮加以救助，同时暂停向农民追索因青苗法、免役法而欠下的债务，方田均税法和保甲法也一并罢黜。宋神宗亲下《责躬诏》，请求直言。恰巧，三日之后天降大雨，旱灾解除。辅政大臣入内祝贺，宋神宗趁机将郑侠所呈的《流民图》和奏疏拿给他们看，这些大臣"再拜谢罪"。经过此事之后，王安石的变法措施被废止，他本人也只好上表请求辞职。

熙宁八年（1075 年），王安石再次拜相，但已经得不到更多支持，加上变法派内部出现了分裂，变法已无法推行下去。熙宁九年（1076 年），王安石的长子王雱病故，王安石辞去宰相，从此隐居江宁（今江苏南京），变法的各项措施陆续被废。

对于王安石变法，自变法实施之日起就有很多争论。这场变法取得了很大的成就，但问题也不少。对于变法失败的原因，美国汉学家费正清在《中国：传统与变迁》一书中说——

在历史上，王安石也同王莽一样毁誉参半，但他并不像王莽那样关注社会平等的问题。他的某些改革，如分级征收土地税，降息贷款和免役诸法，在经济、政治上都走在了时代的前面。其他一些措施，如政府控制物价和保甲制度不过是袭用前代的做法。他的变法自然引起了大地主、大商人和高利贷者这些既得利益者的坚决反对。由于大部分官僚也都是地主阶级出身，他们同样反对王安石变法。当时大多数的学者型政治家，如司马光、欧阳修、苏东坡等人都站在反对者的一边，而王安石也一直受到正统派史学家的严厉指责。

不过，官员和学者们的反对并不是由于阶级利益的原因，而是更为深

司马光像

司马光,字君实,号迂叟,陕州夏县涑水乡(今属山西)人,世称涑水先生。他主持编纂了《资治通鉴》。

刻地反映了当时这个官僚化国家的统治惰性。这种制度的僵化也是后世各朝的通病。同时,变法也在既定体制内部产生了混乱和失衡。因此,尽管王安石变法并未触动当时的根本制度,不过是对已往做法的反拨,但还是引发了尖锐的朋党斗争,并且在后来的几十年中愈演愈烈。1085年神宗驾崩,守旧派上台后立刻废除了新法。新旧两派力量的对比发生了转变,在党争中新法带来的经济、军事利益于是付诸东流,而党争双方后来也均为一场更大的政治灾难所吞没。

王安石变法的失败,标志着大宋王朝已经失去了自我革新、升级再造的能力,等待这个王朝的,也就只有灭亡的命运了。

宋朝重文轻武，而文人又多有爱争论的特点。

在王安石变法的过程中，宋朝就出现了新党和旧党之间的激烈争论。新党的代表人物是王安石，而旧党的代表人物则是司马光。

司马光被誉为"醇儒"，是北宋时期著名的史学家和政治家，其道德文章备受后人赞誉。他少年早慧，七岁时就能熟读《左氏春秋》，并做出了妇孺皆知的"砸缸救友"之事。司马光和王安石都是一流的士人、顶天立地的君子，二人之间的争论，绝非小人与君子之争，而是君子之间的因政见不同而引发的争论。比如就如何富国的问题，王安石主张开源，司马光主张节流；王安石颁布"青苗法"，司马光则表示不同意见，认为官府靠权柄放钱收息，要比平民放贷收息危害更大。二人因政见不同而产生了激烈的争论。

1085 年，宋神宗驾崩，宋哲宗即位。哲宗年幼，由祖母皇太后当政。皇太后向司马光征询治国方略，司马光建议"广开言路"，并呼吁对贫苦农民不能再加重负担，提出保甲法、免役法等是"病民伤国，有害无益"，请求废除王安石当初推行的这些新政。

皇太后接受了司马光的主张，并下诏令其回朝主政。司马光主政之后，很快就废除了王安石变法的各项政策。回朝主政仅一年，司马光也去世了。

王安石和司马光都是正人君子，两人之间的争论还属政见之争。但在他们之后，新党和旧党之间的"党争"非但没有停下来，反而愈演愈烈，直至演化成了人事之争、意气之争，双方从面红耳赤，吵到恨之入骨，到最后，连为什么争论都忘了，完全变成了为了打击对手而争，为争权夺利而争。旧党得势的时候，便把朝廷的新党官员全部赶走；新党得势的时候，也会把旧党的人物全部换掉。如此一来，宋朝政治在王安石变法之后就陷入了党争的可怕泥潭之中。

宋徽宗像

宋徽宗，北宋皇帝、书画家。宋哲宗的弟弟赵佶。宋哲宗时期，被封端王。宋哲宗死后，由其即位。在位期间社会矛盾激化，许多地区都爆发了农民起义。后来，传位赵桓，自称"太上皇"。

宋哲宗时期，旧党得势，赶走了新党；到宋徽宗时，蔡京又把旧党定义为"元祐奸党"，还把司马光、苏轼等人的名字刻在石碑上，是为《元祐党籍碑》。

后来，宋徽宗感到不妥，便将石碑销毁。可是若干年后，旧党的后人觉得自己的前辈被奸人列为"奸党"，反倒是一种光荣，于是他们又重新刻了碑。在翻来覆去的折腾之下，北宋王朝也走到了它的末日。1127年，金军攻下了北宋的都城汴京（今河南开封），俘虏了宋徽宗和宋钦宗两位皇帝，并将繁华的汴京城洗劫一空，北宋就此灭亡。

元祐党籍碑

宋朝两次变法的差异

　　宋朝的两次变法，目标虽然一致，但二者亦有不少值得玩味的差异之处。就主持变法者的遭遇而言，钱穆先生就说："反对范仲淹的，全是当时所谓小人；而反对王安石的，则大多都是当时的所谓君子。"甚至连当时赞同范仲淹变法的诸君子，如韩琦、富弼、欧阳修等，亦反对王安石。

　　为什么会出现这么大的反差呢？原因很多，一方面跟人有关。首先，范仲淹跟王安石两人的作风就不一样。范仲淹可说是宋代士人的精神领袖，他写下的"先天下之忧而忧，后天下之乐而乐"的名句，不知激励了多少后人。范仲淹本人极力推举人才，其道德文章备受推崇。正因如此，后人推崇范仲淹，并不在于他主持变法所取得的事功，而在于在他人格之高尚与推奖人才之宗师风范。王安石则不一样，他本人的道德文章虽也没有大的瑕疵，但他主持变法之际却为小人所包围，自己也为小人所利用。当时反对王安石的人，如司马光、苏轼等，所反对的也不是王安石的人品，而是他推行的政策过于激进以及他的所用非人。除主持变法者的作风不同之外，支持变法的两位皇帝气质也有很大的差异。支持范仲淹变法的宋仁宗是一个比较温和的人，变法一旦遭到强烈反对他就不再坚持了；而支持王安石变法的宋神宗则是一个乾纲独断之人，变法尽管遭到强烈反对，他也坚决推行。

此外，庆历新政与熙宁变法在改革的侧重点上也有细微的差异。范仲淹庆历新政的侧重点特别重视澄清吏治，而王安石熙宁变法的侧重点则在于国家富强。因此后人说范仲淹是儒家，而王安石为申韩之士（法家）。范仲淹的政见，先重视选拔贤人，而后再推行法治；王安石似乎只重视法治的推行，而不在意执行者的人品。正是因为这个原因，范仲淹的身边有一大批君子，而王安石则为小人所包围。

王安石变法之所以最后失败，也与他仅重视法治，而忽视执行者的能力有莫大的关系。一项政策要想取得好的成效，不但政策本身要好，执行政策的人也非常关键。如果仅有好的政策，而没有选好执行之人，那么好政策也会被执行得变形走样，造成种种弊端。依宋朝当时的情况，不先澄清吏治，不足以宽养民力；不宽养民力，不可能富国强兵。王安石变法，一面忽略了人的问题，一面又抱有急切的富国强兵的心理期待，所以在执行的过程中造成了对民众的种种盘剥。如此一来，王安石变法在上层受到官僚阶层的强烈反对，在底层又出现与民争利的致命弊端。两面夹击之下，变法最终失败也就不可避免了。

苏轼雕像

苏轼，眉州眉山（今属四川）人，字子瞻，号东坡居士。北宋文学家，书画家。宋神宗时曾任史馆，因为反对王安石新法而求外职。在政治上属于旧党，但也有改革弊政的要求。

清明上河图（局部）

绘于北宋后期的汴京，
描绘了汴京城的市井生
活和风土人情。（宋·张
择端）

清明上河图（续）

偏安的南宋

1127 年，金兵攻占北宋都城汴京（今河南开封）之后并没有长期占据，而是抢掠一番就撤军了。撤军时他们立张邦昌为伪楚皇帝。

张邦昌原为宋臣，后来投降了金国，百姓因此对他恨之入骨。金兵撤走之后，张邦昌根本无力统治宋朝的旧地，无奈之下，他只得以孟太后之名下诏书，立宋钦宗的弟弟康王赵构为帝，是为宋高宗，南宋王朝由此开始。

宋高宗像

赵构，南宋皇帝，宋徽宗之子，宋钦宗之弟。宋徽宗，宋钦宗被俘后赵构在南京（今河南商丘南）即位。他和宰相秦桧设计收大将兵权，杀害岳飞，并向金称臣纳贡。

宋高宗登基的第二年，金国以张邦昌被废为名，再次大举南侵。宋高宗一路南逃，他从陆地逃到海岛，又从海岛逃到船上，总算没有被金兵捉住。

金兵追击到南方之后，金兵在地形上已经处于劣势。江南河汉纵横，已不再是便于骑兵纵横驰骋的北方平原。在追到浙江的时候，金兵又遇到了风暴，被宋军击败。随后，宋朝名将韩世忠在黄天荡击溃了金兵。这样一来，金兵无力再战，只好撤军北还。于是，宋高宗将都城迁到临安（今浙江杭州），稳定了政局。

乘金兵疲惫之机，宋朝将领率军收复了几个战略要地。其中最有名的将领就是岳飞，他率领岳家军抗击金兵，几乎从未战败过。金兵对岳家军闻风丧胆，发出了"撼山易，撼岳家军难"的感慨。

1140 年，岳飞率军北伐，打到了距离汴京不远的郾城。在这里，岳飞指挥的岳家军战胜了金兵统帅完颜宗弼指挥的金国王牌军。至此，南宋的北伐形势一片大好。岳飞也雄心勃勃，与部下相约"直捣黄龙府，与诸君痛饮尔"！

岳飞雕像
岳飞，南宋时期抗金名将，字鹏举，相州汤阴（今属河南）人。

可就在此时，南宋王朝向岳飞连下十二道命令，催促岳飞退兵回朝。原来，宋高宗并不打算乘胜追击金兵，收复失地。他主张向金国求和，以确保自己的统治。

岳飞无奈，只得退兵。班师回朝之后，宋高宗和宰相秦桧又以"莫须有"的罪名将岳飞下狱，并于当年除夕前夜（1142 年）杀害了岳飞。

岳飞是南宋主战派的灵魂人物，岳飞被冤杀后，几乎所有支持过岳飞抗金的文武官员都遭到了贬斥。至此，南宋的主和派控制了朝政，北伐事业付诸东流。就在岳飞被冤杀的这一年，南宋与金签订协议，将金人占领的整个华北地区拱手相让，大宋王朝只保住了长江流域以及福建、广东等地的华南地区，成了一个偏安的王朝。

宋高宗之后，宋、金两国各自发展，相对稳定。金国也有过几次南侵行动，但都半途而废。南宋也在宋孝宗年间进行了北伐，同样未取得实质性成果。

到了13世纪，金国的实力大不如前，不但已经无力南征，而且还要时刻提防来自西北日渐兴起的蒙古军队。

到了此时，历史出现了惊人相似的一幕。北宋与契丹人建立的辽国对峙的时候，东北地区的女真部落迅速崛起，建立了金国。后来，北宋和金联合进攻辽国。在北宋的帮助之下，金国于1125年灭掉了辽国。随后，金国又于1127年灭掉了北宋。到了南宋与金国对峙之时，蒙古人在北方草原迅速崛起。1206年，铁木真统一蒙古各部，号"成吉思汗"。他和儿子窝阔台等多次率大军进攻金国。这时，南宋又与蒙古人联手攻击金国。这仿佛是把当年北宋与金国联手攻击辽的剧目重演了一遍，只不过角色稍稍变换了一下而已。1234年，金国被蒙宋联军攻陷，金哀宗自缢，金末帝死于乱军中，金灭亡。

金灭亡之后，南宋不仅没有换来和平，反而还要面对更为强大的敌人——蒙古大军。1235年，蒙古大军不断南侵，被宋击退。但蒙古军队并不甘心失败，之后又多次南侵。

1260年，忽必烈夺得汗位。夺得汗位之后，忽必烈重新启动消灭南宋的计划。1267年，蒙古军队大举伐宋。1271年，忽必烈改国号为"大元"，次年定都大都（今北京），元朝正式建立。1276年，蒙古大军围困南宋都城临安，谢太后携年仅五岁的宋恭帝投降，交出了传国玉玺。

南宋一些旧臣不愿投降元朝，就组建流亡朝廷，坚持与元朝军队斡旋。1279年，南宋的最后一支军队与元朝的军队在崖山（今广东新会南崖门镇）展开决战。宋军战败，宰相陆秀夫背着八岁的宋帝赵昺投海而死。这对君臣以死殉国的一幕是大宋王朝极为悲壮的尾声。

宋朝的灭亡，可以说是中国农耕文化盛极而衰的一个结果。宋朝是中国历史上经济最繁荣、文化最昌盛、艺术最精深、科技最发达、人民生活水平最富裕的朝代。宋朝在航海、造船、医药、工艺、农技等方面都达到了前所未有的高度。有人估算，宋代的GDP已经占到全球的50%，是当时世界上的第一经济大国。宋朝的商品经济非常发达，有些地方甚至已经出现了资本主义萌芽。可是，宋朝有一个致命的弱点，那就是一直奉行"重文轻武"的国策，造成军事实力太弱，根本不足以抵挡游牧民族的进犯。

元世祖像

孛儿只斤·忽必烈，蒙古族，政治家、军事家，元朝的开国皇帝。蒙古尊号"薛禅汗"。

与宋朝相比，契丹、女真、蒙古等游牧民族，常年在马背上打猎，其日常生活与战争状态相差无几，所以他们更加骁勇善战。一个经济繁荣、百姓富庶、生活安逸却又武备不足的政权，往往会被文化落后、武力强悍的部落政权所打败。在西方，经济繁荣、文化发达的罗马帝国就毁于此，此事与宋朝走向灭亡是一个道理。

中医上讲，一个人要想健康长寿，就要保持各器官的和谐运转，"金、木、水、火、土"要"相生"，而非"相克"。一个人是这样，一个国家亦是如此。一个国家既要搞好内政，也要搞好外交；既要发展经济和文化，也要增强国防力量。文明程度和武备实力缺一不可，且不可偏废。宋朝灭亡的教训就在于，一个经济富庶、文化繁荣的王朝，却没有足够的武备力量来保护自身的文明。

与宋朝相反且形成鲜明对比的王朝是秦朝，秦有极强的武力，南征北战，穷兵黩武，在开疆辟土方面极有建树，可在内政方面却管理得一塌糊涂，以严刑峻法治理国家，最后激起了农民起义，王朝也随之土崩瓦解。秦朝的致命弱点是"武太盛，文太弱"，而宋朝的痼疾则是"文太盛，武太弱"，两个王朝的气质迥异，但它们都没有处理好文武之间的平衡，秦朝是"武克文"，宋朝是"文克武"。

宋代理学：儒家学说的新发展

　　宋朝是一个文化极其发达的朝代，体现在哲学思想上就是宋人将儒家思想发展到了一个新阶段——理学阶段。

　　宋朝人研究儒家思想的主流是探讨义理、性命之学，所以后人称之为宋代理学。理学是儒家思想的宋代化，是宋人在借鉴佛教、道教思想之后发展起来的一整套思想体系。北宋时期的石介、胡瑗、孙复被称为"宋初三先生"，他们是理学的先驱者，而实际的开创者为北宋五子，即邵雍、周敦颐、张载、程颢、程颐。这其中，周敦颐是宋代理学真正的开山鼻祖，他将道家的无为思想和儒家中庸思想加以融合，阐述了理学的基本概念与思想体系。而宋代理学的集大成者，则非朱熹莫属。

　　朱熹生活在南宋孝宗至宁宗时代，他继承了程颢、程颐的学说，完成了儒学的复兴。在中国思想史上，朱熹是继孔子、孟子之后又一伟大的儒学大师。他的学术思想被后人称之为"朱子学"。

　　朱熹认为，宇宙中间有一定不变的"理"，"理"是事物最完备的形式与标准。万物有万理，万理的总和是"太极"。要想了解和体认"太极"，就必须从"格物致知"做起，多穷一物之理，就能够多一些体认"太极"。

　　朱熹有着渊博的学识和精密的分析方法，他不仅能从哲学的高度重新阐释儒家的经典，而且还善于以具体化、通俗化、生活化的方式推广儒学教育。而他对后世影响最大的，也正是他对儒学普及化、通俗化的解释著作。他编著的《四书章句集注》，以理学思想重新阐释《论语》《大学》《中庸》《孟子》。此书后来成为官方的儒学教科书，影响深入人心。直到今天，我们要学习儒家的"四书"，朱熹的《四书章句集注》依然是最重要的参考书目。

此外，朱熹还编著了《小学集注》，旨在教育青少年遵守道德规范；他编写《论语训蒙口义》《童蒙须知》，提出了一整套操作性极强的少儿行为规范，涉及少儿的衣食住行及说话、读书、写字等各个方面，其核心思想就是教孩子如何"修身"，即在生活中要懂得"持敬"，保持外表与内心的统一、整肃，而不可放逸、放纵自己。

朱熹这样一位道德学问极佳的儒学大师，生前也受到了当权派的打压。他的学说被污蔑为"伪学"。1200年，朱熹在种种高压之下，孤独地

《四书章句集注》

宋理宗像

赵昀，南宋皇帝，
太祖十世孙。

离开人世。九年之后，他的冤案得到昭雪，朝廷为朱熹恢复了名誉，他的学说也不再是"伪学"，门生也不再是"伪党"。1227年，宋理宗下诏，追赠朱熹为太师、信国公，提倡学习他编著的《四书章句集注》。从此之后，朱熹的学说由"伪学"变身为官方学说，成了显学，后世甚至科举取士都一直以朱熹对儒家经典的解释为标准答案。

宋、辽、金、西夏的列国体系

中国传统的王朝叙事将宋代作为中国的正统王朝，而将辽、金、西夏放在中国史的圈外，这样的叙事方式在今天看来已经不可取了。宋朝固然是历史更迭中的正统王朝，但它的疆域并没有涵盖汉唐时期的全部。汉朝和唐朝时期的中国疆域，不仅包括宋朝的国土，还要包括辽、金、西夏的疆域。因此我们可以说，两宋时代的中国，并不是一统天下，而是一种列国体系，即宋朝和辽、金、西夏等几个同时并存的王朝共同构成了那一时期的"中国"。

辽、金、西夏与宋朝之间的关系，并不同于过去匈奴、突厥和中央王朝之间的关系。原因就在于，匈奴、突厥在汉唐时期并不是完整意义上的国家，他们入侵边境，主要目的就在于掠夺财富和人口。而辽、金、西夏则不同，它们都建立国家，与宋朝时战时和，其最主要的目的并不在于掠夺土地，而是要求宋朝向其"纳贡"，给予丝帛和金银。他们甚至还将宋朝赠予的丝帛，转卖到西方，以牟取利润。也正因为这个原因，宋朝对这几个北方敌国也不以战争为首选，而是以金钱来购买和平。宋朝在向北方敌国购买和平的同时，也从这些敌国购买马匹。在和平时期，宋、辽之间还联手做过香料贸易，宋朝将南海诸岛上出产的香料转运到辽国，再由辽国运往西方。如此一来，宋朝增加了香料出口的贸易额，辽国也获得了香料贸易的中转利润。这样的关系俨然是国与国之间的贸易合作，与汉唐时期打击匈奴和突厥等游牧部落的方式大不相同。

就文化而言，辽国和西夏都相当程度地接受了中原文化，也与汉唐时代的匈奴、突厥不可同日而语。在当时，人们在方式上虽然也有南方和北方之分，但即便是北方的诸国（如辽和西夏），他们的文明也达到了相当高的程度。西夏国生产的钢剑锋利无比，质量比宋朝人生产的还好。辽国由于较好地继承了唐代文化，他们的医术和算术也早已普及到了民间，其水平也与宋人不相上下。而且，辽国和西夏的知识分子也与宋朝的士人一样，学习的都是中国儒家的典籍。这两个国家都创造了自己的文字，整体的文化水平并不低下。这也说明，到了宋朝时，北方游牧民族的政权也学习了中原地区的先进文化，已经非常汉化了。

西夏帝王陵墓

位于宁夏银川西贺兰山东麓。1038年，李元昊建立西夏。他将祖父李继迁葬于裕陵，父亲李德明葬于嘉陵。李元昊葬于泰陵。

蒙古帝国大舞台——元朝的兴衰

蒙古是一个古老的民族，其祖先是室韦人的一支，与鲜卑、契丹同属一个语系。隋唐时期，蒙古人分布在大兴安岭北端、额尔古纳河一带，被称为鞑靼，受制于突厥。唐朝强大之后，不断打击突厥，蒙古人趁机摆脱了突厥的控制，转而投靠唐朝。也就是从那时起，他们不断西迁，进入了蒙古高原一带。

蒙古人在漠北草原上形成了许多个部落。为了掠夺人口、牲畜和土地，这些部落之间不断发生战争。最后，草原英雄铁木真统一了蒙古各部，在1206年登上蒙古大汗的宝座，被尊为成吉思汗。

统一之后的蒙古帝国迅速走上了对外扩张之路。1218年，蒙古大军灭掉了西辽国；1219年，成吉思汗以蒙古商队被劫杀为由，亲率大军西征花刺子模国。蒙古大军横扫中亚、西亚、波斯和印度的广大地区。西征回途的过程中，蒙古军队又一举灭掉了西夏。

就在攻取西夏的前夕，成吉思汗去世，他的第三子窝阔台继承汗位。他又发动了对金国的进攻。南宋王朝此时犯下了重大的战略错误，与蒙古人达成协议：联手进攻金国，灭掉金国后，黄河以南的领土归宋，黄河以北的领土归蒙古。南宋王朝的这种决策无异于引狼入室。待灭掉金国之

元太祖像

成吉思汗出生于蒙古乞颜部孛儿只斤氏族，名铁木真（或作帖木真）。古代蒙古首领，军事家，政治家。元朝建立后，他被追尊为元太祖。

后，蒙古大军随即把南宋列入了征服名单。

灭掉金国的第二年，窝阔台再次做出西征的决定，远征今天的俄罗斯、波兰、匈牙利一带。蒙古西征军攻势凌厉，攻下了莫斯科、基辅之后，挥师进入今天的波兰和匈牙利，并在波兰南部打败了波兰和德国的联军。

随后蒙古大军又征服巴格达，侵入了叙利亚。经过多年战争之后，蒙古人在欧亚大陆的腹地建了四个大汗国：钦察汗国，统治区域在今东欧、俄罗斯的欧洲部分和北高加索地区；察合台汗国，统治区域在今天山南北及阿姆河、锡尔河之间；窝阔台汗国，统治区域在今新疆、中亚一带；伊儿汗国，统治区域在今伊朗、伊拉克一带。四大汗国横跨欧亚大陆，地域空前辽阔。

1260 年，成吉思汗的孙子忽必烈继承了蒙古汗位。1271 年，忽必烈改国号为"元"，定都大都，元朝正式建立。1276 年，元军攻克南宋都城临安。随后，元军以摧枯拉朽之势追击坚持抵抗的南宋军民，1279 年，元军在崖山之战中打败宋军，彻底消灭了抵抗势力，统一了中国。

接下来，忽必烈又在亚洲发动了几场战争。他于 1274 年和 1281 年派兵远征日本，但是，蒙古舰队被一场突如其来的海上台风刮散，攻占日本的行动宣告失败。同时，蒙古人试图远征越南、缅甸等地，也因海战不利而宣告失败。这说明在陆地上纵横驰骋、骁勇善战的蒙古军队，在面对茫茫大海时便丧失了他们的优势，不能继续取得攻无不克的战绩。

元朝的统治风格带有鲜明的草原遗风。与中原农耕社会世代聚居、人口密集的状况不同，蒙古草原地广人稀。游牧经济的特点决定了牧民的生活具有高度的分散性与流动性。一户牧民放牧的牛羊，就需要很大的草场，甚至往往还需要有夏牧场和冬牧场来轮流放牧。这样的生产和生活方式，使得草原地区很难形成高度集权的统治方式。比如，元中央王朝很容易在中原农耕地区收税，因为农民的生产、生活与耕地紧密地捆绑在一起，官员到了一个村庄就可挨家挨户地收税，成本很低。可是，在草原上就做不到这一点，原因就在于牧民具有很强的分散性和流动性——他们不但住得分散，而且还经常转移带着牛羊"转场"放牧，居无定所。

因为生产和生活方式与中原农耕民族不同，所以，由蒙古人建立起来的草原帝国在管理上也与其他中原王朝有显著的不同。草原帝国对外采取帝国形式，对内则通过分封制度将相对独立的各个部落联合在一起。成吉思汗分封四大汗国就是这样，他像分家产一样把帝国的疆域和人口分配给了自己的四个儿子。有学者总结，蒙古人这种管理国家的方式叫"家产制国家"。

"家产制"与专制君主官僚制有很大的不同，其一，"家产制"缺乏层级分明的统一管理体系，即它的官僚体系不成熟，更不发达；其二，就最高权力层者而言，他治国和理家的活动往往混在一起，不做明确区分；其三，统治阶层内部的关系确认，主要依靠风俗习惯和情感认同，而不是靠明确的制度规定。

最能体现草原帝国这种管理特点的，就是"怯薛"制度。"怯薛"是蒙语轮番护卫之意。所谓的"怯薛"实质上是一支负责护卫大汗的禁军，成员主要由贵族、大将的功勋子弟构成。这支禁军的战斗力极强，待遇也非一般部队可比。"怯薛"中普通的士兵都有战将的俸禄和官职，而"怯薛"的统帅则是大汗或皇帝的私人奴仆。比如，最早担任"怯薛"统帅的四个人就是成吉思汗极其信任的四员大将，分别是木华黎、赤老温、博尔忽、博尔术。

在"怯薛"中，地位高的成员，除了负责大汗及后来元朝皇帝的安全工作之外，还要在皇宫中服侍元朝皇帝的饮食起居，承担宦官的部分职责。而在轮流服侍皇帝的高级怯薛中，皇帝会选出近百人参加最高级别的会议。如此一来，高级"怯薛""昼出治事，夜入番值"，白天在官署处理公务，晚上则轮番到内宫服侍皇帝。

元朝的高级官员，基本上都是从"怯薛"中选出来的。比如，忽必烈当皇帝的时候，有个高级"怯薛"叫董文忠，他是元朝

元世祖出猎图
作品取材于元世祖行猎的场面。(元·刘贯道)

名将董俊的第八个儿子。忽必烈对他非常信任，从来不喊其全名，直呼"董八"。董文忠除了是高级"怯薛"外，还在中书省任职。他值夜班时兢兢业业，蜷缩在忽必烈的床前，半醒半睡地守护，忽必烈"中夜有需"，他"不须烛索，可立至前"。有一次，董文忠白天在中书省上班，晚上还要在忽必烈的宫里值夜班，一不小心睡着了。忽必烈夜里醒来要喝水，喊"董八"不醒，就让睡在身边的妃子踹他，妃子不敢。忽必烈说："董八待我，超过对亲生父亲，你身为他的

姨娘，踹他一脚有何不可？"

我们可以说，蒙古人的"怯薛"制度，不仅收揽了元朝高级官员的人才，而且还是元朝统治阶层之中维系亲密关系的一种纽带。"怯薛"身兼禁卫军、皇帝内侍、国家重臣三重角色，他们在大汗或皇帝面前是忠实奴仆，在国家治理层面则是位高权重的大臣。

我们从"怯薛"制度中可以看出，相较于汉、唐、宋、明等王朝高度制度化、程序化的治理模式，元朝的治理方式看起来很不"正式"——没有细致的制度设计，也没有精巧的技术操作。它古朴，粗犷，就像草原上的风，凛冽迅猛、无拘无束，又像草原上的草，漫山遍野、野蛮生长。

元朝的版图空前辽阔。可是，元朝按照征服的先后顺序，将人分为四个等级。第一等蒙古人；第二等色目人，指的是从中亚到欧洲那一带种类繁多的民族；第三等汉人，指的是消灭南宋之前所征服的汉人、女真人和契丹人等；第四等是南人，指的是最后征服的南宋人。元朝的法律还明确规定，蒙古人、色目人殴打汉人和南人，汉人和南人不得还手，只能向官府申诉。即便汉人和南人被打死，行凶者也不过是出一些丧葬费而已；可若第四等人杀了第一等人，那问题就严重了，不但行凶者本人要被处死，他们的家族都要受到牵连，家产还要充公。

元朝法律还规定，汉人不得打猎，不能习武，不得聚众买卖、祭祀，不能夜行。在任用官吏方面，中书省、枢密院、御史台等重要部门的官职非蒙古人不授，就连次要的地方官职也多由蒙古人和色目人担任，汉人和南人一般是当不上官的，即便当官也只能作为蒙古人和色目人服务的事务性官吏。

蒙古人长于征伐，短于治理。当年成吉思汗的儿子和功臣都被赐予数量可观的土地，他四个儿子所统治的四大汗国，就相当于四个独立王国。这样的治理结构，显然易于分裂而不利于统一。果不其然，到了忽必烈统治时，他便不能成功处理家族内部的关系了。先是钦察汗国拒绝承认忽必烈的宗主权，随后察合台汗国也分裂了出去，伊儿汗国虽然名义上依附元世祖忽必烈，但也因地域的阻隔而自成一体。如此一来，忽必烈的蒙古大汗之位有名无实，并不能号令蒙古帝国各部，他所能做的就是做好中原人的皇帝。

元朝也确实在忽必烈的统治下取得了一些成就：忽必烈学习用儒家学说来治理国家，启用了一批汉族官员，改革了一些落后的蒙古旧制，采用中原王朝的政治体制。这些实行汉化的措施使忽必烈赢得了明君的称号，也在一定程度上缓和了阶级矛盾。可惜的是，忽必烈死后，元朝的统治迅速恶化。他之后的皇帝，有的在权力争斗中失败，有的早夭，有的被刺杀，有的荒淫无道。统治者的昏聩加速了元朝灭亡的脚步，至元顺帝时，政局动荡不安，阶级矛盾日益尖锐，汉人不断在各地造反。

1344 年，黄河下游决口，淹没了大量的农田，许多农民流离失所。元朝下大力气治理水患，直到 1351 年，元朝征调了大批民夫修筑河堤才解决了黄河水患问题。可就在治理黄河水患的过程中，活跃于江淮地区的白莲教首领韩山童、刘福通领导了大规模的农民起义。随后，徐寿辉、郭子兴、陈友谅、方国珍、张士诚等豪杰都聚众起义。

在风起云涌的反元起义大军之中，朱元璋趁机崛起，麾下聚集了不少精兵强将。他在南方消灭了陈友谅、张士诚、方国珍等其他起义军力量，随后出师北伐，痛击元军主力。此时的蒙古军队早已失去了当年神勇。

朱元璋像

明太祖朱元璋，明王朝的建立者。幼名重八，又名兴宗，后改名元璋，字国瑞。濠州钟离（今安徽凤阳东北）人。1368 年称帝，国号"明"，年号"洪武"。

朱元璋击溃元军主力之后，于1368年在应天（今江苏南京）称帝，建立了明朝，元朝在中原的统治宣告结束。随后，朱元璋派大军追击北逃的元军，攻克了元朝的都城大都。元顺帝仓皇北逃，在漠北又维持了数十年的政权，史称"北元"。到1388年，北元政权灭亡。至此，这个蒙古人创建的跨欧亚大陆的元帝国烟消云散。

蒙古政权在历史上迅速崛起，建立元朝后又迅速衰落。整个过程就像蒙古大军的骑兵一样，快速冲杀，抢掠，然后又快速离去了。蒙古民族靠着快马弯刀创建了一个地跨欧亚的大帝国，这样的血腥征服对西夏、金、宋及中亚各国来说都是一场巨大的灾难。就中国历史而言，蒙古人灭宋建元也导致了经济和文化的倒退。元朝的建立，使中国第一次完全被北方游牧民族所统一。可以说，自元朝之后，中国的帝国制度就开始走下坡路，中国的思想文化发展也失去了汉唐时期元气充沛、昂扬向上的博大气象。

不过，英国著名历史学家汤因比站在文明交流的角度也看到蒙古人创建元帝国的积极意义，他指出，蒙古帝国使得许多区域性文明发生相互接触。他说，在那一度秩序井然的欧亚大平原穿越往返的使团，其文化上的作用远较政治上的成果重要得多。蒙古人凭借强悍的武力打通了欧亚大通道，他们在战时的征服路线，在和平之际变成了贸易路线。沿着这条线路，波斯人、阿拉伯人、犹太人源源不断地来到中国，确实"使得许多区域性文明发生了迅速地接触"。

元顺帝是元朝的末代皇帝，他很聪明，受过良好的汉学教育，还特别擅长书法。可惜的是，元顺帝并没把聪明才智用在治国理政之上，而是用在了钻研木工和建筑上。史书记载，元顺帝曾设计出一艘长一百二十尺、宽二十尺的大龙舟。这艘豪华的大龙舟行驶在水中，就像真龙一样，眼睛、嘴巴、爪子都会动。龙舟之上，有吃喝的地方、游玩的地方，也有开会的地方，不同的地方有不同的设计；文武百官在这个龙舟上也有不同的房间，不同的房间有不同的摆设，可谓构思精巧、美轮美奂。就连龙舟上水手所穿的衣服，都是元顺帝精心设计的，"上用水手二十四人，身衣紫衫、金荔枝带、四带头巾，于船两旁下各执篙一"。

元顺帝的才华在设计龙舟上得到了淋漓尽致的体现，老百姓为此特意送给他一个绰号：鲁班天子。因为鲁班是木匠的祖师，是能工巧匠的代名词。据说，元顺帝听到百姓如此称呼自己还很自豪。

此外，元顺帝还发明了一种钟漏，也就是原始的自鸣钟。这只钟漏每天在固定的时间会自己鸣叫，而且钟上的狮凤还随着叫声翩翩起舞。

待明军攻克元大都时，元顺帝发明的这只钟漏被作为战利品献给了明太祖朱元璋。朱元璋看后说："废万几之务，用心于此，所谓作无益害有益也。"

说完，朱元璋就命人将这只钟漏捣毁了。

元顺帝雕像

元顺帝，元代皇帝。明军攻克大都（今北京）时，元朝灭亡。

草原帝国及征服者的命运

中国历史教科书通常都将元朝列为中国的朝代之一，顺带着也将成吉思汗建立的蒙古大帝国视为中国的一个政权。对此，历史学家许倬云持不同看法，他说："我们不能承袭旧习惯，将这一个外族征服的时代简化处理，实际上蒙古帝国并不以中国为主体，应是中国朝代历史的一个变形。"原因就在于，成吉思汗建立的庞大帝国，东到东北亚，西到中亚、中东，南到印度半岛。蒙古大汗是由若干个汗国共同推举的，成吉思汗的四个儿子各有领地，称为四大汗国。在这样一个多元共存的人集团中，中国虽然已经全部被蒙古征服，但也不过是蒙古大汗国中的五分之一，而且还是较小的部分。

后来，忽必烈建立元朝，统治中国部分，这等于是自成格局，在他治理下的疆域，可称为"中国"。但蒙古帝国屡次选举大汗，忽必烈并没有得到其他汗国的一致拥护，他的大汗之位是自封的，有名无实。可以这么说，我们对成吉思汗时期建立的大蒙古帝国和忽必烈建立的元朝要区别对待，因为成吉思汗所征服的大部分地区，并不在中国范围内。理性的态度应该是：中国人既不能将成吉思汗所征服的广袤疆域视为己有，同时也不必将忽必烈创建的元朝当作中国以外的历史。

总的来说，蒙古王朝是一个征服王朝，在征服的过程中造成了许多灾难，不仅改变了中国的社会格局，甚至也在一定程度上改变了世界的政治和文化格局。不过，在使用暴力征服欧亚大陆的过程中，蒙古帝国并没有形成一个统一而稳定的国家体制。在成吉思汗之后，尤其是在忽必烈之后，蒙古帝国逐渐解体。其中，钦察汗国的统治权逐渐转移，俄国从钦察汗国独立出来。而察合台汗国、窝阔台汗国、伊儿汗国则几经演变，成为后世的帖木儿帝国和莫卧儿帝国。

　　大蒙古帝国的各个汗国，在其演进中都经历了一个本土化的过程，并且最终被统治地区的文化所同化。钦察汗国最后被俄罗斯化，察合台汗国、窝阔台汗国、伊儿汗国的绝大部分地区则都被伊斯兰化，忽必烈所建立的元朝更是被汉化了。靠着快马弯刀横扫欧亚大陆的蒙古帝国，其后裔最终被同化、融入广袤欧亚大陆的各种人群之中，他们改变了生活方式、改变了语言、改变了信仰，有的甚至已经忘记了祖先曾经是蒙古人这一久远的历史。

元太宗像

元太宗窝阔台，大蒙古帝国第二位大汗。窝阔台早年随父征服漠北诸部，参加攻金、西征。西征后受封于今额尔齐斯河上游和巴尔喀什湖以东地区。

第五辑

明清

朱元璋：当过和尚放过牛的皇帝

1398 年，明朝的开创者朱元璋在做了三十一年的皇帝之后去世。去世之前，他在遗诏中说："朕膺天命三十有一年，忧危积心，日勤不怠，务有益于民。奈起自寒微，无古人之博知，好善恶恶，不及远矣。"他说自己一辈子为了国家十分操劳，但毕竟没有文化，比古人差得很远。应该说，朱元璋还是个有自知之明的人，他对自己的这个评价还是十分恰当的。

朱元璋是大明王朝的开创者，他出身底层，文化水平不高，少年时期给地主放过牛，当过和尚，还一度以乞讨为生，生活十分艰辛。当上皇帝之后，他以性格孤僻严厉著称，他猜忌手下大臣，常常大开杀戒，堪称冷酷无情。他不信任任何人，所做的一切努力都是为了把大权控制在自己手里，是有名的"雄猜之主"（钱穆语）。

1380 年，朱元璋以"擅权枉法"的罪名诛杀了丞相胡惟庸，并下诏废除丞相制度："以后嗣君，毋得议置丞相，臣下有奏请设立者，论以极刑。"自秦朝以来辅佐天子处理朝政的丞相制度，自此废去。

废除丞相之后，朱元璋将原属于中书省的权力分解到六部之中，然后设立"大学士"一职，由若干大学士组成一个隶属皇帝的内阁，代皇帝草拟诏书、御批，并处理日常公文，协助皇帝处理政务。大学士们最初手中并无实权，只能奉皇帝之命行事。可是发展到后期，大学士们的权力开始变大，到了张居正时期，首席大学士已俨然握有丞相之权。

在废除丞相之外，朱元璋开的另一个坏头就是"廷杖"大臣——在朝廷之上当众责打大臣，这严重违背了"刑不上大夫"的古训，是对士大夫人格的一种严重羞辱，也是对士人精神的一种粗暴践踏。

宋太祖赵匡胤有感于唐朝中叶以后武人的飞扬跋扈，所以在宋朝实行"尚文抑武"之国策，优待士大夫。经宋朝养士三百年的积淀，中国已然形成了一种尊重士人、崇尚士气的风气，也形成了一种士大夫勇于担当、辅佐天子治理国家的士人政治传统。可朱元璋建立明朝之后，既不信任跟自己一起打天下的功臣，也不信任饱读诗书的士大夫，甚至觉得两者都会对皇帝的权力构成威胁。于是一面大开杀戒、制造冤案、诛杀功臣，一面又以"廷杖"之法羞辱、摧折士大夫，强迫其彻底臣服于皇帝的权威之下，只能为皇帝所用而不能为皇帝所患。朱元璋的这种想法、做法全从有利于皇帝专权的角度考虑，而不顾及整个社会的均衡、健康发展，实乃一种将私心置于国家之上的做法。

此外，为了加强皇帝集权，朱元璋还创办了特务机构锦衣卫。锦衣卫直接听命于皇帝，为皇帝搜集情报，替皇帝监督、缉捕大臣。锦衣卫享受特权，可以逮捕任何人，包括皇亲国戚，并且不用公开的审讯就可以处决被捕者。锦衣卫所设立的监狱称为"诏狱"，即皇帝特批的监狱。朱元璋为大肆屠戮功臣而制造的"胡惟庸案""蓝玉案"就是通过锦衣卫来实施的。在胡惟庸案中，通过不断牵连，有二十多位公侯大将被

张居正雕像

张居正，明朝政治家，字叔大，号太岳，湖广江陵（今湖北荆州市荆州区）人。有《张文忠公全集》。

灭族，被诛杀者竟有三万多人；在蓝玉案中，被牵连诛杀的也有一万五千多人。经过朱元璋这两次有预谋的大清洗，明朝的开国元勋几乎被铲除殆尽。

恐怖统治使明朝初年的官场人人自危。官员每天上朝，不知是否可以平安回家，以至于出门前都要与妻子诀别，吩咐后事。因此，清代学者赵翼批评朱元璋为"残忍实千古所未有"。

当然，在屠戮功臣的同时，朱元璋也痛恨贪官污吏，惩治贪官的力度也前所未有。他规定，凡是贪污到白银六十两以上者，就要"枭首示众，剥皮楦草"——朱元璋将贪官处死还不解恨，还要把他们的皮剥下来，里面塞上稻草，以这种极其惊悚的方式警告官吏不可贪污腐败。据统计，在朱元璋统治的洪武一朝，大小官吏因贪污腐败而遭受枭首、凌迟、族诛的，就有几千例，被杀头的官员更是有一万多人。在朱元璋的严厉惩治下，明朝初期的吏治比较清明，人民所受的压迫大为缓解。

朱元璋也同情百姓，实行轻徭薄赋的税收政策，同时鼓励垦荒，兴修水利。这些措施促进了明朝农业的发展，对维护明朝社会的长期稳定也起到了重要的作用。朱元璋也重视文化教育，他大力兴办学校，完善了一套自朝廷到地方的教育——科举系统。不过明朝的科举有它的问题，那就是完全以朱熹注释过的儒家经典（尤其是"四书"）作为考试的依据。儒家学说中本来有士大夫劝谏、批评君主的传统，但朱元璋讨厌这一点，遂删掉了儒家经典中这部分内容，就连《孟子》一书中的有些章节都遭到了朱元璋的粗暴删除。经过这样的改造之后，明代儒生所接受的教育基本上也可说是一种"洗脑"教育，这种教育的核心目的就是把人培养成绝对效忠君王的奴仆。

朱元璋身为明朝的开国之君，统治国家喜欢杀伐立威，他通过制造冤案屠戮功臣，通过廷杖摧折文武大臣，通过剥皮楦草震慑贪官，其种种严酷手段都是为了将大权集中到皇帝一人之手。可以说，朱元璋的统治使得皇帝极权制度化了，这种影响极其深远，不仅有明一朝未被改变，而且还被后来的清朝所沿用、加强。明清两朝连续实行专制集权统治，压制了中国思想文化的活力，对中国人精神上的健全发育造成了不可低估的伤害。

朱元璋当上明朝的开国皇帝后，他昔日的谋臣李善长出任左丞相，名将徐达出任右丞相。由于徐达常年带兵在外，所以李善长在朝臣中权势最大，成为淮西集团的首领。

本来，朱元璋打天下主要依靠的就是淮西集团的势力，他的功臣之中，淮西旧部也是绝对多数。可是，当坐稳天下之后，朱元璋对淮西集团势力过大并不满意，想加以抑制，于是，就想撤换李善长。

朱元璋打算用足智多谋的刘基代替李善长。

刘基是浙东派的代表人物，他深知在淮西集团当权的情况下，他很难在朝廷中施展手脚，于是坚决辞谢了。他劝朱元璋不要撤换李善长，因为李善长能够调和诸将。

朱元璋又问刘基，杨宪、汪广洋、胡惟庸这三个人哪个可以担任丞相？

刘基认为这三个人都不适合当丞相，原因是杨宪"有相才，无相器"；汪广洋"偏浅"，还不如杨宪；胡惟庸则更不可，此人好比一匹劣马，要他驾车，势必会翻车坏事。

朱元璋见以上人选都不合适，再次敦请刘基出任丞相，说："吾之相，诚无逾先生。"我的丞相人选，还是先生您最合适。

刘基推辞说："臣疾恶太甚，又不耐繁剧，为之且孤上恩。"意思是，我也不是合适的丞相人选，您还是再找别人吧。

后来，朱元璋还是根据李善长的推荐，选择了胡惟庸。胡惟庸是个精于拍马屁的小人，他痛恨刘基说他的坏话，就打击报复，最后甚至毒死了刘基。更关键的是，胡惟庸当上丞相之后，独断专行，飞扬跋扈，这与朱元璋提高皇权、专制独裁的执政思路正好相悖。于是，朱元璋在1380年以"擅权枉法"的罪名处死了胡惟庸。处死胡惟庸之后，朱元璋又将他的罪状升级，不断株连，将包括李善长在内的一大批功臣都借机诛杀了。这显然是在借胡

刘基与童子对弈图石雕像

刘基是明太祖朱元璋时期的开国之臣刘伯温。传说明太祖登上龙位后，大肆杀戮功臣。刘基洞因刘基曾藏身此处得名，位于今天的南京市紫金山主峰北的岩壁间。

惟庸案来剪除功臣，并实现废除丞相制度的目的。

蓝玉案与胡惟庸案的情形大同小异。蓝玉是常遇春的妻弟，以能征善战、所向披靡著称。明朝建立之后，蓝玉被封为大将军。大权在握、炙手可热之际，他不禁有些飘飘然，也开始骄横跋扈，这让朱元璋感到将权也对皇权构成了挑战。于是，朱元璋就在1393年以"谋反"的罪名处死了蓝玉，并连坐处

死了一万五千多人，将打天下的将领几乎一网打尽。

朱元璋制造胡惟庸案和蓝玉案的根本目的就是要屠戮功臣，屠戮功臣则是为了清除潜在威胁，强化皇权。为了把大权独揽在皇帝手中，朱元璋可谓心思用尽。相权有可能威胁到皇权，那就杀相；将权有可能威胁到皇权，那就杀将。

朱元璋废相的后果

朱元璋废除丞相的后果极其严重。明末清初的思想家黄宗羲就说："有明一代政治之坏，自高皇帝废宰相始。"原因就在于，废除宰相制度之后，大权完全落到皇帝一个人的手中。皇帝的权力高度集中，表面上看有利于巩固皇帝的地位，可它同时也对皇帝的能力提出了极高的要求。如此庞大的帝国，政事千头万绪，这么多的事情都要皇帝一个人来做决策，皇帝就必须精通政治、精力旺盛，而且还要勤奋异常、无比英明——也就是要成为"圣贤君王"才能胜任。若非如此，则朝政势必恶化。明朝后来的历史发展证明，把国家的治理都寄托在代代都出现"圣贤君王"之上是多么不靠谱！

1368—1644 年，明朝共有十六位皇帝，其中及格者不过三四人而已，其余皆在及格线之下，是有名的"问题皇帝"。尤其是明朝中后期的皇帝，大都任性变态、胡作非为。比如，明宪宗、明武宗、明世宗、明神宗、明光宗、明熹宗等，皆是不称职的皇帝。明宪宗朱见深有深深的恋母情结，宠幸大自己十九岁的万贵妃，并任由万贵妃飞扬跋扈、为非作歹。明武宗朱厚照身为帝王，却偏要自封为"大将军"，本该在皇宫里处理朝政，可他却四处游荡，热衷于"游龙戏凤"。即便回京，也多是住在"豹房"之中，疯狂享乐。明世宗朱厚熜痴迷道教，常年不上朝，天天想着修仙炼丹之事。明神宗朱翊钧更是有名的"怠工皇帝"，创下了近三十年不上朝的纪录。明光宗朱常洛极其好色，因吃一粒"红丸"而命丧黄泉。明熹宗朱由校热衷于木工，将朝政大权委托给了大太监魏忠贤。一方面，废相之后的制度安排需要明朝的皇帝个个圣明才能胜任，另一方面，明朝中后期的皇帝却又如此不堪。巨大的反差不只造成了明王朝的最后衰落、灭亡，而且也使中国在明朝时丢掉了领先世界的地位，丧失了重要的历史机遇。自此，中国开始逐渐落后于西方。

　　废除丞相的做法也让另一种人攫取了极大的权力，那就是宦官。朱元璋严禁宦官干政，并在宫中立了一块铁牌，上有："宦官不得干预政事。"他还对宦官的人数、品级、职务、衣服样式都做了规定，甚至还规定宦官不得由识字者担任。朱元璋做这些安排可谓用心良苦，目的只有一个，就是尽最大可能预防宦官干政。可是历史还是给朱元璋开了个玩笑，他死后没几年，他生前所做的这些规定就形同废纸了。朱棣当上皇帝后，很快就派宦官统领军队，随后又派大名鼎鼎的宦官郑和率领着庞大的船队出海。从此以后，宦官的政治势力就越来越大，直到后来出现了刘瑾、魏忠贤这样的大太监，而且发展成了"阉党"。

　　朱元璋无疑是少有的政治强人，可政治强人再强，也只能在活着的时候控制政局。当他死了之后，当他的血肉之躯变成一个牌位的时候，后继者们是否还拿他的"政治交代"当回事，是否还愿意把他的"政治交代"落到实处，那就不是他能控制的了。李亚平在《帝国政界往事》一书中这样评价朱元璋："朱元璋心思细密，考虑重大问题时，常常绕殿徘徊，正思逆想，反复斟酌。当他自以为一切安排都完美妥帖、天衣无缝时，偏偏忘记了自己的那些子孙，他们不会都是像他一样的工作狂。他们是要在深宫膏粱中出生、在满身脂粉香气的女人怀里和不男不女的宦官堆儿里长大的。于是，在后来的时代里，朱元璋的如意算盘都演变

出警入跸图 （局部）

《出警入跸图》由明朝许多宫廷画师的合力创作。《出警图》绘的是皇帝骑马，由陆路出京，《入跸图》画的是由皇帝坐船，走水路还宫。皇帝一出一入，非常壮观。（明·宫廷画师）

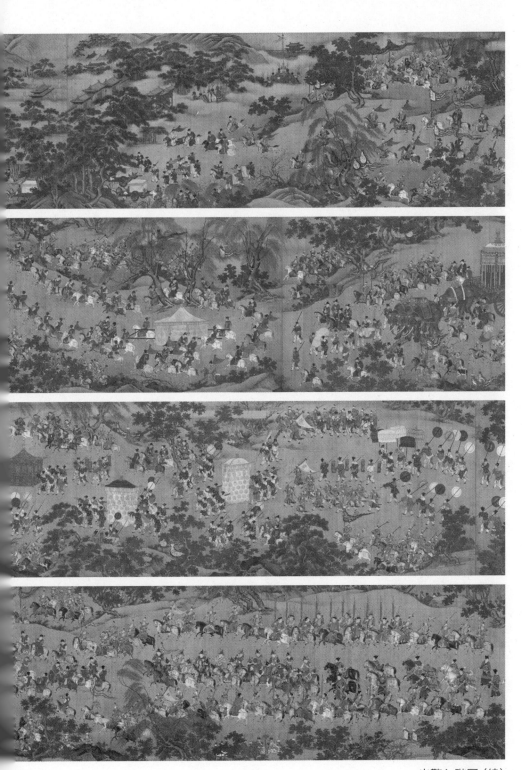

出警入跸图（续）

得面目全非。"

　　美国历史学家费正清也说，在废除丞相之后，朱元璋"把他自己的个人作用制度化了""自此皇帝完全可以为所欲为了"。既然皇帝"完全可以为所欲为"，那他就既可以勤政、简朴，也可以奢侈、胡闹，甚至是"罢工"。所以，在朱元璋之后，明朝出现那么多的荒唐皇帝也实在是在情理之中的事。

从靖难之役到土木之变

明太祖朱元璋有二十六个儿子，他把长子朱标立为太子，其余的儿子都封王建藩（早死的两个儿子除外）。可惜的是，太子朱标于1392年去世，朱元璋就又立长孙朱允炆为皇储。这样，朱元璋在1398年驾崩后，朱允炆就继承皇位，是为明惠帝。

明惠帝二十多个身为藩王的叔叔根本不把这个侄儿皇帝放在眼里，他们个个拥兵自重，明惠帝也时时感受到了各位藩王的威胁。于是，他与大臣齐泰、黄子澄、方孝孺等商议，采取措施削夺藩王的权力。

藩王们当然不会坐以待毙，其中势力最大的燕王朱棣起兵发难，打着"清君侧"的口号，于1399年发动靖难之役。

经过四年的内战，燕王朱棣的大军攻下了首都应天，朱棣随后称帝，而明惠帝则下落不明。朱棣怀疑明惠帝逃

明成祖像

明成祖朱棣，明朝第三位皇帝。明太祖朱元璋的第四子，年号为"永乐"。

亡到海外，就又派人去海外搜索。他派去搜寻明惠帝的人就是著名的太监郑和。

朱棣派太监郑和率领庞大的船队，于1405年正式从江苏太仓刘家港出发，出使西洋。据史书记载，郑和下西洋的船队中，最大的船"长44丈，宽18丈"。这么大的"宝船"高达4层，有9条桅杆，可以张开12面帆，船的排水量达1.4吨，需要动用二百多人才能起航。在没有机械动力的时代，建造这么大的舰船，算得上是一个奇迹。可以说，在15世纪之初，中国的航海技术绝对是世界一流的。

郑和率领的船队有2.7万人之多，团队里有官员、士兵、水手、会计、翻译等，其中人数最多的就是士兵。但这支士兵最多的船队出海，并不是为了征伐侵略，而仅仅是为了"耀兵异域，示中国富强"。

郑和率领着庞大的船队，一路访问各国，一面打探明惠帝的下落。他们沿途受到各国国王、酋长的欢迎，因为他们根本不敢想象世上竟有如此强大的国家和舰队，都表示愿意归顺大明王朝。郑和则代表大明王朝的皇帝朱棣赏赐南洋诸国。当郑和船队返航时，许多国王和使者又搭乘郑和的航船来到中国，向朱棣皇帝朝贡。

郑和下西洋是人类航海史上的壮举。郑和船队先后抵达了亚非三十多个国家，最远到达非洲东海岸，打通了中国到东非的航线，把亚、非之间的广大海域连在一起。郑和下西洋，比哥伦布发现新大陆早了87年，比达·迦马发现新航路早了93年，比麦哲伦到达菲律宾早了116年。

郑和下西洋并没有找到明惠帝，也没有像西方的航海家那样凭借航海优势占领土地、掠夺财富，这次浩大的航海行动促进了中国与亚非各国的友好交往，加强了中国与诸国的经济文化交流。郑和先后七次下西洋，南洋诸国对明朝的朝贡达三百多次，平均每年有十多次，大有"万国来朝"之势，给足了大明王朝面子。

郑和下西洋耗费了大量的财力，这在当时就招致了许多大臣的批评，有人说："三保（郑和原名马三保）下西洋时，所费钱粮数十万，军民死者亦以万计，纵得珍宝，于国何益？"这种批评是很有道理的。郑和船队从海外买回来的都是香料、宝石、珍奇异兽等奢侈品，对明朝经济和百姓的生活并没多大的帮助。因此，下西洋的活动在郑和去世之后迅速偃旗息鼓。

在明成祖朱棣的统治时期，除了郑和下西洋的航海壮举，还有几件大事也值得一说。其一，朱棣将明朝的都城从南京迁到了北京，完成了迁都之举；其二，朱棣五次率军北征蒙古，巩固了北方边疆；其三，朱棣集国家之力，编撰了一部《永乐大典》，这是一部中国古代百科全书式的文献集。

明成祖命解缙主持纂修。《永乐大典》起初名叫《文献大成》，后来广收各类图书七八千种，全书共二万二千八百七十七卷，凡例、目录六十卷，遂定名《永乐大典》。

朱棣去世之后，他的儿子朱高炽继承皇位，是为明仁宗。仁宗当上皇帝一年就去世了，帝位传给太子朱瞻基，是为明宣宗。明宣宗当了十年皇帝。在仁宗、宣宗这对父子统治期间，大明王朝四海承平，百姓安居乐业，史书上称之为"仁宣之治"。可这段时间也仅有十一年，明宣宗之后，明英宗朱祁镇继承皇位。到了明英宗之时，明朝就开始走下坡路了，国势迅速衰落。衰落的典型事件就是土木之变，这场战争险些让明朝亡国。

元朝灭亡之后，元顺帝率蒙古贵族逃出大都后，继续统治漠北地区。随后，蒙古分裂为鞑靼、瓦剌及兀良哈三部。这三个部落之间互相征战，也不时出兵南下，骚扰明朝边境。经长期征战，鞑靼势力不断削弱，瓦剌逐渐强大。

明朝统治者一直害怕蒙古人强大，明成祖朱棣干脆把国都从今天的南京迁到北京，紧紧盯住北方，形成"天子守国门"之势，以遏制蒙古人南侵。

不过到了明英宗统治期间，蒙古人的瓦剌部落出了一个名叫也先的首领，他想跟明朝做生意，比如，将蒙古的马匹卖个好价钱；他还向明朝下聘礼，希望娶一个明朝的公主。按说，这样的要求完全可以通过谈判的方式和平解决。可明英宗宠信的宦官王振办事不力，不仅大大削减了蒙古马匹的价格，而且还将也先送给要迎娶公主的聘礼给退了回去。

1449 年，也先集结兵马，进攻明朝。在蒙古军队的进攻之下，明军连连失利。

前方战事失利的消息传到北京后，明英宗依然找王振商量对策。而王振出的主意是要明英宗御驾亲征。王振跟明英宗说，如果效法曾祖父朱棣的做法，御驾亲征，一定可以大获全胜。明英宗听信了太监王振的蛊惑，在两天之内集结了五十万大军，匆忙之中就率军出发了。

由于组织不当，大军还没有与瓦剌交战，在路上就冻死、饿死了很多人，可谓出师不利。当明军抵达大同时，传来了前方战败的消息。听到前方使者描述的战争惨状，宦官王振被吓破了胆，决定班师回朝。

如果明朝军队快速返回北京，问题也不大，可是在后撤之时，王振又让明英宗绕经他的家乡蔚州，"驾幸其第"，以让他显示威风。结果，当明军行至土木堡的时候，遭到了瓦剌追兵的突然袭击。明军猝不及防，三万骑兵被杀掠殆尽，

明宪宗元宵行乐图
该图反映了成化二十一年(1485 年)明宪宗在元宵节当天在内廷的生活场面。(明·宫廷画师)

就连明英宗本人也被瓦剌的大军给俘虏了。而给明英宗出坏主意的宦官王振，则被痛恨他的明朝将领给杀掉了。这件事就是有名的"土木之变"。

土木之变可以说是明王朝由盛转衰的转折点。经此一战，明王朝的五十万大军被击溃，皇帝本人也被俘虏，跟随皇帝出征的五十多位文武大臣全部遇难，这让明朝上上下下极为震惊。为了应急，朝臣联合奏请皇太后，立郕王朱祁钰为皇帝，是为明代宗。

瓦剌俘虏明英宗后，便大举入侵中原。也先以送"太上皇"明英宗为名，令明朝各边关开启城门，乘机攻占城池。这年十月，瓦剌攻陷了白羊口、紫荆关、居庸关，直逼北京。

面对瓦剌的入侵，大明朝廷惶惶不安，有的大臣甚至提出了南迁都城的逃跑方案。幸好，兵部侍郎于谦力排众议，组织军队坚守京师，同时命令各地武装力量至京勤王。

于谦分遣诸将率兵二十二万，于京城九门之外列阵迎敌。他率军出城之后，就令守城者关闭城门，以示不击败瓦剌军队不回城的决心。

于谦先指挥骑兵与也先部队交战，以佯败的战术引诱也先追击。也先

明宪宗元宵行乐图（续）

果然中计，当他率军追至德胜门时中了明军的埋伏，被击溃。也先又转攻西直门，城上守军也早有准备，也先的军队又被击溃。

也先一看明朝有了新皇帝，他俘虏的明英宗失去了价值，就将其释放了，自己也宣告退兵。至此，明朝取得了北京保卫战的胜利。

于谦指挥北京保卫战，立下了汗马功劳，得到了百姓的敬重和爱戴，可是却得罪了明英宗。后来，明英宗发动了"夺门之变"，从明代宗手中抢回了皇位。重新当上皇帝的明英宗制造冤案，杀害了于谦。

土木之变充分暴露了明朝宦官专权的弊端。经此事变之后，这一致命的弊端非但没有根除，反而愈演愈烈。明朝祸国殃民的宦官，除了明英宗时期的王振之外，还有明宪宗时的汪直、明武宗时的刘瑾、明熹宗时的魏忠贤等，这几位宦官都权倾天下。

明武宗朱厚照当上皇帝时只有十五岁，他非常贪玩。而宦官刘瑾抓住这一特点，经常在明武宗玩兴正浓的时候把奏折拿去请他批阅，明武宗这时就说："你怎么什么事都烦我呀？你自己看着办吧。"如此一来，刘瑾就把内阁的大权掌握在了自己的手里。

大权在握之际，刘瑾疯狂地接受官员的贿赂。当时地方官到京城朝觐的时候，每个人都要送给刘瑾两万两白银，如果没有那么多钱，就得先向京城的富豪借贷，待回到地方后，再想法从老百姓身上盘剥、搜刮。刘瑾后来失势被抄家时，从家中搜出黄金 250 万两，白银 5 000 多万两，其他珍宝不计其数。

魏忠贤是明朝又一个著名的宦官，他凭借着明熹宗的宠信控制了朝政。朝廷中的很多大臣纷纷投靠魏忠贤，认其为义父，称其为"九千岁"，这样就结成了"阉党"。"阉党"势力牢牢地把持了东厂、西厂等特务机构，实行恐怖统治，打压东林党人，把整个朝政搞得乌烟瘴气。直到明熹宗死后，继位的崇祯皇帝才采取果断手段，严惩了魏忠贤和他的"阉党"。可是此时的明朝，已经被折腾得千疮百孔、危机四伏了。

明朝自明英宗时期就开始走向衰落，到了中后期，兼并土地的现象非常严重。在江南，有的大地主占田7万顷。在朝廷，内阁大学士徐阶一家就占田24万亩。全国的土地约有一半为大地主所侵占。这种情况激发了社会矛盾，也使明朝出现了财政危机（因为高官和大地主总能设法避税）。为了化解危机，明朝万历年间的内阁首辅张居正发动了一场有名的变法革新运动，史称"张居正改革"。

张居正是湖北江陵人，于1547年中进士，因才能出众，得到了明穆宗的赏识。1572年，张居正在太监冯保的支持下，取代高拱，成了内阁首辅。明穆宗去世后，明神宗继承皇位。明神宗当时只有十岁，他的母亲李太后信任张居正，于是，张居正得以总揽朝政，从军事、政治、经济等各方面进行改革。

张居正首先创制了"考成法"，严格考察各级官吏贯彻朝廷命令的情况，以此罢免因循守旧、反对变革的顽固派官吏，选用并提拔支持变法的新生力量。"考成法"规定，各衙门在办理公务之前，要根据事情的缓急，制定出一个公务完成的最后期限，并记录在文簿上，若事情在规定期限内完成了，便在文簿上注销掉；若没有按时完成，就要进行处罚。张居正执行"考成法"非常严格，务求"法之

明神宗像

明神宗，明穆宗第
三子，年号"万历"。

必行，言之必效"。实行此法加强了中央集权，提高了明朝衙门的办事效率。

军事上，张居正整顿武备，编练新军，启用了一大批名将镇守边防。他还与鞑靼进行茶马互市，以贸易的方式达成和平的目的。从此，北方的边防更加巩固，在二三十年中，明朝和鞑靼没有发生过大的战争，使北方暂免于战争破坏，农业生产有所发展。

经济方面，张居正在全国开展清丈土地工作，经过清查，全国土地比弘治年间多出了300万顷。张居正还对赋税制度进行改革，推行"一条鞭法"，将原来的田赋、力役和其他各种杂役合在一起，按照田亩多少来征收赋税，田多多征，田少少征。这使得政府增加了税源，改善了国家的财政状况。张居正还选拔官员，治理黄河、淮河，疏通运河。黄河得到治理后，漕船可直达北京。

张居正的全面改革进行了十年，取得了很大的成效。改革提升了明朝国家机器的运转效率，使明朝政府的财政收入有了显著的增加，社会经济有所恢复和发展。张居正也因此被称赞为"救时宰相"。但由于历史积弊太深，已成积重难返之势，张居正的改革并不能从根本上扭转明朝的颓势。再加上张居正的改革触动了既得利益集团，引发了反对派的反扑。1582 年，张居正病死。反对他的势力立马对张居正群起而攻之，对张居正心怀不满的明神宗随即下令削夺了张居正的官爵，并查抄张居正的家产。如此一来，张居正生前所推行的各项改革措施随之人亡政息了。

张居正改革失败之后，大明王朝重振生机的最后一丝希望也破灭了，等待明王朝的，只剩下了一条衰亡之路。

明三眼铳

三眼铳是一种短火器。明代火器发展到一个新的高度，火器种类多。

错过了"全球化"的第一班车

朝贡体系是古代中国处理与海外各国关系的一个长期传统，这种体系的核心是：中国皇帝以"中央之国"的心态，把周边各国都看作是中国的藩属。藩属要接受中国皇帝的承认与册封，还有向宗主国朝贡的义务，而中国则要在军事上保护藩属国，在经济上也会对藩属国多加赏赐。

可是到了 15 世纪，随着全球化贸易的不断拓展，中国王朝惯用的朝贡体系已然跟不上时代发展的步伐了。15—16 世纪，是世界历史上公认的地理大发现和大航海时代。欧洲的航海家发现了绕过非洲好望角通往印度和中国的新航路，这标志着一个"全球化"时代的开始。自此以后，人们的视野与活动范围，就已经不再局限于某个地区，而是遍及整个地球。世界各大洲之间的经济联系大大加强，国际贸易迅速增加，世界市场慢慢形成。在这个全球化的时代，中国当然不能置身事外。

葡萄牙人最先进入印度洋，占领了印度西海岸的一些贸易重镇，他们率先在中国的东南沿海进行走私贸易。葡萄牙人之后，西班牙人也随之而来，他们来到菲律宾群岛，并开拓了海上丝绸之路，将中国的丝绸远销西方。再稍后，荷兰人与葡萄牙人、西班牙人展开商业竞争，于 1602 年建立了联合东印度公司。这些新兴的欧洲强国与中国进行贸易往来，将中国的丝绸、瓷器运往欧洲和南美洲。

最初，明朝在与葡萄牙、西班牙和荷兰人做生意的过程中，始终处于贸易顺差的优势地位。可是，贸易顺差弥补不了制度上的缺憾。明朝对内实行的皇权专制制度及其外交上奉行的朝贡体系与新的"全球化"时代格格不入。新型的贸易模式需要更有效率的经济组织以及更能保证经济持续增长的制度保障和社会环境，而这显然不是皇权专制的大明王朝所能提供的。因此，明朝错过了"全球化"的第一班车。这一次错过，使得中国与整个世界的发展大势擦肩而过。

社会的发展就像新软件的开发与升级，15世纪以后，正是西方人研发出一种名为"全球化"的新软件并不断升级之时，而此时的明朝还沉浸在皇权专制和朝贡体系的旧梦之中，拒绝下载"新软件"。若干年后，待西方人携其"新软件"之威，取得突飞猛进的成果之际，中国则因长期的"闭关锁国"而远远地落后于西方了。

内忧外患的困局：明亡清兴

　　明朝的最后一位皇帝是明思宗朱由检，也就是人们常说的崇祯皇帝。他于 1627 年当上皇帝时只有 17 岁，跟今天一名高三学生一样大。大明王朝传到这名少年的手上时已是一个充满内忧外患的烂摊子。

　　内忧表现在政治上和经济上。政治上，大明王朝的统治机器经过两百多年的运行，已经从内部腐烂，宦官专权、党争严重，政治环境极为恶劣。经济上，此时明朝的财政面临着崩溃的危险，土地大量集结在大地主及贵族的手中，越来越多的农民失去了土地。失去土地的农民有的投奔地主，成为佃农；还有的背井离乡，逃亡在外，成了流民。流民一多，各地就不断发生饥民暴动事件，农民起义此起彼伏。

　　外患则表现为后金的迅速崛起上。后金是满族人建立的政权，满族是女真族的一支后裔，一直居住在中国东北。明朝永乐年间，朝廷欲压制北元残余势力，在中国东北一带设立远东指挥使司，控制女真各部落。到 1616 年，建州女真部的首领努尔哈赤统一了各部，建立起后金政权，定都赫图阿拉（今辽宁新宾），割据辽东。后金看到明王朝政治日益腐朽，边防日益废弛，就一再向明朝发动进攻，占领了辽东地区大小七十多座城池。1636 年，努尔哈赤之子皇太极将后金的国号改为清，正式建立清朝，与明朝相抗衡。

崇祯时期的明朝恰好陷入了内外交困的境地之中。一方面，农民起义形成了两股巨大的力量，一股为李自成率领，一股为张献忠率领。另一方面，山海关外的清朝时刻窥视中原，一有机会就举兵进犯。

应该说，在内忧外患的局势之下，崇祯皇帝还是很想振作起来，挽救大明王朝的。他刚登基两个月就铲除了宦官魏忠贤及其"阉党"的势力，把朝政大权夺回到自己手中。这一举动，让很多人看到了希望；他还非常勤政，鸡鸣即起，深夜才睡，夜以继日地工作。他经常召见大臣，研讨治国良策。一次，他因"偶感微恙"而没上早朝就遭到了内阁辅臣的批评。可崇祯皇帝并没有恼火，他还亲笔写敕书，一面做严厉的自我批评，一面褒奖批评自己的辅政大臣。这样的做派更让很多人心生感动。崇祯皇帝自幼就非常俭朴，小时候练习写字时，如果纸张较大，临摹完范本上的字还有剩余的空白，那他就会再把剩下的地方都写满，以免浪费。当上皇帝之后，他依然保持这种艰苦朴素的作风，衣服破了，他舍不得扔掉，让皇后给补好继续穿。

内忧和外患，先解决哪一个？这是一个颇让崇祯皇帝费脑筋的问题。他也拿这个问题去征求大臣的意见，结果大臣们的意见不统一，导致此事议而不决，耽误了不少时机。

崇祯皇帝一度采纳了内阁大学士兼兵部尚书杨嗣昌"攘外必先安内"的策略，集中优势力量镇压农民起义。可是明朝派出去的官兵比所谓的"流寇"还凶恶，他们经常把大批逃难的百姓杀掉，冒充起义军的士兵，以向朝廷邀功领赏。这种做法越发激化了官民矛盾，导致了大量百姓转而投靠农民起义军。

最初，农民起义主要集中在陕西、山西一带，可到了 1633 年，农民起义反而扩大到了河南、湖广、直隶、四川等地，成了全国性的农民起义。在这些农民起义军中，闯王李自成的势力最大，他于 1640 年占领了河南和陕西。李自成的农民起义也一度快被明朝的军队剿灭，但就在他快被剿灭之际，满族人在辽东挑起了战事。一看边关吃紧，崇祯皇帝赶紧调

李自成雕像

李自成，明末农民起义领袖。建立大顺政权，年号"永昌"，并攻克北京，推翻明王朝。

与李自成作战的部队去边关防御。于是，李自成的农民起义军又得以存活，并发展壮大起来。

当然，在明朝走向灭亡的过程中，崇祯皇帝也犯了不少错误。崇祯皇帝这个人本身就是一个矛盾体，他有行事果断、雷厉风行的一面，但也有多疑多虑、优柔寡断的一面；他既有自律甚严、生活俭朴的一面，也有大肆敛财，关键时刻不肯多掏一分钱的吝啬一面；在对待大臣方面，他既有知人善任、重用人才的一面，也有刻薄寡恩、翻脸无情的一面；他对袁崇焕、杨嗣昌、洪承畴等人，任用时言听计从，优遇有加，可一旦翻脸，就严酷无情，说杀就杀，这导致很多很好的政策不能执行到底，达不到预期效果；在对待百姓方面，他既休恤民众疾苦，常下"罪己诏"做自我批评，但又加派无度，置百姓于水深火热之中。尤其严重的是，在面对"攘外必先安内"还是"先攘外后安内"的重大抉择时，崇祯皇帝一直犹豫不决，结果"内外失据"，满盘皆输。

1644 年，李自成在西安称帝，建国号大顺。随后李自成的军队，一路进攻到了北京。此时明朝最精锐的一支部队被吴三桂统领，正在山海关防御满族人的入侵。李自成的农民起义军不费吹灰之力就攻下了北京。崇祯皇帝走投无路，在紫禁城北面煤山（今景山）的一棵大树上自缢身亡。明朝就此灭亡，而李自成则以大顺皇帝的身份在北京登基。

局势似乎朝着有利于李自成的方向发展，可是李自成手下的将领迅速腐化堕落，他们在京城拷掠王公贵族，大肆抢夺金钱和美女。李自成本来想招降吴三桂，可就在吴三桂准备接受招降之际，李自成手下的大将刘宗敏却抢劫了吴府，霸占了吴三桂的爱姬陈圆圆。吴三桂获悉此事

永昌通宝

永昌通宝是明末李自成所建立的大顺政权的货币。

之后，怒不可遏，发布声讨李自成的檄文，并写信给清朝的摄政王多尔衮，请求出兵相助，联合攻击李自成的部队。清朝多尔衮的军队正想挥师入关，于是双方一拍即合，达成了联合对付李自成的协议。

李自成率主力部队在山海关与吴三桂和清军展开大战，结果战败，一路溃逃。仅当了42天皇帝的李自成逃离北京，北京城由大顺易手到大清。

清朝大军占领北京城后，拥立皇太极的儿子爱新觉罗·福临称帝，是为顺治皇帝。作为对吴三桂的回报，清廷让吴三桂继续率军追剿李自成。吴三桂一路追剿，很快扑灭了李自成的起义军，李自成也兵败被杀。

山海关

山海关被誉为"天下第一关"。公元1381年（洪武十四年），明太祖朱元璋下令在此筑城建关，成为扼东北、华北咽喉要塞的军事重镇。

袁崇焕（1584—1630）是晚明时期最著名的将领，他虽然是文人出身，但有胆略，好谈兵。他于天启二年（1622年）单骑出关，考察关外地形地貌和敌我形势，还京后，自请守卫辽东。获准后，他守卫宁远（治今辽宁兴城）。天启六年（1626年）正月，努尔哈赤统领6万大军进攻宁远。袁崇焕坚守孤城宁远（相关地区的明军纷纷撤退），以不到两万的兵力击退了努尔哈赤的进攻，取得了宁远之战的胜利，史称"宁远大捷"。第二年，袁崇焕又在宁远、锦州等地打败了前来进犯的皇太极，史称"宁锦大捷"。袁崇焕本人因军功卓著而升任兵部尚书兼都察院右副都御史，督师蓟辽，人称"袁督师"。

皇太极要经山海关进攻北京城，就必须除掉袁崇焕，于是就设计了一个反间计。首先，皇太极向袁崇焕发书，要求和谈。袁崇焕考虑到明军也需要时间备战，就同意和谈。同时，皇太极又提出了条件，要求袁崇焕提着名将毛文龙的头颅来议和。原来，当年后金军攻下辽东后，毛文龙逃到沿海岛屿，招募百姓四十多万，屡次袭扰后金军。

袁崇焕此时犯了一个大错误，他接受了皇太极的条件，打着犒劳军士的幌子前往毛文龙驻守的小岛，杀掉了毛文龙。此事传到朝廷，让崇祯皇帝颇为震惊。崇祯皇帝虽然赋予了袁崇焕"先斩后奏"的权力，但袁崇焕未经奏报就自作主张，杀掉了毛文龙这样替朝廷镇守一方的将领，其做法实在有些过分。崇祯皇帝虽然没有追究袁崇焕"擅杀毛文龙"的责任，但已对袁崇焕起了戒心。

接着，皇太极避开山海关，绕道漠南进攻北京。袁崇焕在巡视山海关时获悉了皇太极进攻北京的军报，赶紧率领九千精兵昼夜兼程，赴京救援。

袁崇焕率领精兵在广渠门和左安门战胜了后金军，保卫了京城的安全。可就在北京转危为安之时，京师之中谣言四起，说后金军是袁崇焕带领而来的。崇祯皇帝不辨是非，直接将袁崇焕拒于京师门外，命令其属下满桂率军入京师护卫。

皇太极得知袁崇焕驻守城外的消息后，又让两名将士在被俘的明朝太监帐外谈话，说皇太极已与袁崇焕有密约，大事将成云云，故意让太监听到这番话，之后再将其放走。

皇太极雕像

皇太极，清代皇帝，后金第二代君主。后金天命元年（1616 年）被封为和硕贝勒，也称四贝勒。天命十一年（1626 年），继位后金汗位，年号"天聪"。天聪十年（1636 年）改后金为"清"，年号"崇德"，称皇帝。

袁崇焕墓和祠

袁崇焕，广西藤县人，祖籍广东东莞。他曾单骑出关，考察形势，还京后自请守辽。他驻守宁远等城，屡次击退后金的进攻。后来，袁被冤杀。

　　崇祯皇帝接到太监的密报后果然中计，他以商议军饷为由，将袁崇焕召到宫中。当时，北京城戒备森严，九门紧闭，袁崇焕只得坐在筐中，被人用绳索吊到城上。等到了宫中，还未议饷，崇祯皇帝就下令将其逮捕，下锦衣卫狱，随后以"叛贼"的罪名将袁崇焕凌迟处死。

　　值得一说的是，在袁崇焕被凌迟处死之际，京城的百姓不但不同情"袁督师"，反而"以钱争买其肉""将银一钱，买肉一块，如手指大，啖之，食时必骂一声，须臾崇焕肉悉卖尽"。袁崇焕被凌迟处死可以说是崇祯一朝最大的冤案。崇祯皇帝冤杀袁崇焕，堪称"自毁长城"。

明末的财政危机

　　"洪武型财政"是历史学家黄仁宇先生提出的一个概念，他研究发现，在导致明朝灭亡的诸多原因中，财政危机是一项重要的因素。而明末之所以频频陷入财政危机的状态中，又与明朝统治初期朱元璋所采取的财政政策密不可分。因为明代的财政经济政策是具有连贯性的，它由明代开国君主朱元璋一手设计，其特点就是彻底放弃商业化的努力，使财政经济退回到以小农经济为基础的局面。"洪武型财政"的核心就是以节俭的原则维持国家运行的最低水准，而从来不考虑增加财政收入。朱元璋甚至几次警告官员，凡胆敢提出增加国库收入者，均被视为国家的敌人。在这种理念的指导下，国家的税收主要为农业税，对商业税和海关税则从不重视。

　　黄仁宇先生认为从一开始，明太祖主要关心的是建立和永远保持一种政治现状，他不关心经济的发展。在他的财政计划中，他除了在全国建立一个统一的财政制度外，很少注意其他内容。他的实践和征税标准，总是定在最低而不是最高水平之上，这种做法实际上限制较进步的经济活动发展，所以较落后的部门也能在统一税制中存在。可以毫不夸张地说，许多指责，如朝廷的腐败和官员的弊病、与公共财政有联系的社会丑恶现象、工商业停滞等，都可以部分或者全部地，直接或者间接

洪武通宝

明太祖朱元璋于洪武元年（1368年）命京城（南京）工部宝源局及各省宝泉局铸行。

地归因于明太祖建立的财政措施。明朝政府不但不创造发展经济的条件，而且积极反对介入商业活动。

就经济管理而言，"洪武型财政"可说是经济政策的一种大倒退。我们知道，古代中国的大多数统治者都重农抑商，可是到了宋朝，宋太祖赵匡胤从建国伊始就对工商业十分重视，宋代的工商业也空前繁荣。后来经过王安石变法，更是将宋代的商业化社会推向了一个新的高峰。

可是，明太祖朱元璋却不能顺应这种发展大势，他十分痛恨王安石变法，说："宋神宗用王安石理财，小人竞进，天下骚然，此可为戒。"他的财政政策就又恢复到重农抑商的旧框架之中，以最简单的农业税为财政税收的核心，将大明王朝建筑在了小农经济之上。这意味着明朝不鼓励发展工商业。自此，明朝经济成为一个庞大的扁平体，除了成千上万户农民家庭，再就是统治者。百姓直接面对朝廷，没有中间的商业机构，审计、会计等商业技术机构也随之不能得到发展。如此一来，当朝廷日后面对越来越繁复的社会事务时，也就找不出恰当的技术手段来处理。社会问题越积越多，社会矛盾越来越大，明朝社会的稳定也就变得困难重重。

更关键的是，由于朝廷的财政税收来源过于单一，到了后来土地兼并严重时，明朝的税收逐渐减少，而内忧外患又一起爆发，朝廷需要花大笔的钱财才能应付对外的辽东战事和对内的镇压农民起义。这个时候，明朝在经济政策上找不到更好的调控办法，就只能加重对农民的剥削。而对农民剥削越重，就越会引发农民起义，成了恶性循环。最终，李自成的农民起义推翻了大明王朝。

清朝前期的统治

多尔衮在 1644 年率清军入关，最初宣称是来帮助消灭"流寇"（农民起义）的，可是等赶走李自成的农民起义军之后，满族人自己占领了北京，开始统治中原。

明朝有许多文武官员并不甘心接受满族人的统治，他们找来一位明朝的皇室子孙——福王做皇帝，在南京城重建了一个小朝廷，是为南明政权。可惜的是，南明王朝的皇帝和官员忙于享乐和内斗，不能有效抵抗清军的进攻。

史可法墓祠

纪念明末抗清民族英雄史可法的历史遗迹。史可法，字宪之，号道邻。曾自请到抗清前线扬州督师。清摄政王多尔衮致书劝降，史可法严词拒绝。后来，因寡不敌众，殉难。清朝乾隆帝追谥他为忠正公。

1645 年，清军围攻扬州，镇守扬州的史可法誓死不降，组织全城军民拼死一战。清军最后用大炮轰开了城墙，攻陷了扬州城。史可法被俘，遭到杀害。愤怒的清兵开始屠杀扬州百姓，10 天之内杀掉了80多万人，繁华的扬州城一下子变成了人间地狱，史书上将这次大屠杀定名为"扬州十日"。随后清兵又攻陷了南京城，南明小朝廷的福王被活捉，押往北京处死。

清军在向南方推进的过程中，还颁布了"剃发易服"令，要求十日之内，所有的男子，一律要把头发的前半部分剃光，后面留一条辫子，就是要让汉人男子的发型与满族男子保持一致。这样的命令让所有的汉人大为愤慨，大家认为，发型和服饰是祖先留下的文化习俗，怎么能说改就改呢？于是，围绕着"剃发易服"令，江南人民与清兵又展开了激烈的斗争。1645年夏天，10万江阴百姓面对24万清军的进攻，坚守孤城81天，击毙清军7.5万人，其中亲王3人，大将军18人。城破之日，清军下令屠城，声称"满城杀尽，然后封刀"。结果江阴全城百姓"咸以先死为幸，无一顺从者"。嘉定的百姓也奋力抵抗，城陷之后也惨遭清军屠城。

在福建沿海一带，郑成功宁可与父亲郑芝龙断绝父子关系，也不肯投降清朝。后来，郑成功率军击败了占据台湾的荷兰人，将台湾收复到中国人的手中。

为了隔离沿海人民与郑成功等反清势力的联系，清朝统治者颁布"迁海"令，强迫山东、江苏、浙江、福建、广东等地的沿海居民离开海岸，向内陆迁徙。这一次强制性移民，不仅给东南沿海地区的人民带来了深重的灾难，而且也开启了清朝"闭关锁国"的政策。从此之后，清朝一直对来自海上的力量采取躲避、封锁、不接触等消极性的政策。此等政策直接导致了中国与外部世界的隔绝。

在经过血腥的征服之后，清朝建立起稳定的政权。之后，清朝的统治者开始调整政策，一面想尽办法把权力牢牢地掌握在皇帝手中，一面努力学习中原文化，采用怀柔策略来管理国家。清朝统治者为了减少汉人的疑虑与隔阂，在政治上基本沿用了明朝的体制，也设有内阁、六部等。不过，在所有行政机构中均采用"满汉双轨制"的管理方法，即设置满、汉两个首长，满人掌握核心权力，汉人负责具体工作的实施。

姑苏繁华图（局部）

宫廷画家徐扬居住在苏州。这是徐扬历时24年完成的作品。描绘了当时苏州的盛景。（清·徐扬）

姑苏繁华图 （续）

《中俄尼布楚条约》签署场面

《中俄尼布楚条约》全称《中俄尼布楚议界条约》。清康熙二十八年(1689年)9月，清政府与沙俄政府在尼布楚(今俄罗斯涅尔琴斯克)签订，为中、俄第一个界约。

　　清朝的皇帝自顺治皇帝起，就带头学习汉语。顺治皇帝在登基的第一年就封孔子的 65 代孙为"衍圣公"，表达清朝政权在意识形态上的"尊孔"态度。顺治之后，康熙、乾隆均多次到山东曲阜祭孔。清朝还恢复科举取士的做法，鼓励人们学习儒家的"四书五经"。这些做法争取到了中原士人的支持，对稳定社会秩序大有裨益。

　　顺治皇帝之后，清朝进入了康熙、雍正、乾隆三朝所谓的"康乾盛世"阶段。康熙是有名的贤明君主，他的文治武功备受赞誉。他 8 岁登基，14 岁亲政。他先清除了擅权的大臣鳌拜，然后又平定了三藩(吴三桂、耿精忠、尚可喜)的叛乱，将大权全部收归朝廷。

　　在对外事务上，他遏制了沙皇俄国的扩张，签订了《中俄尼布楚条约》，划定了中俄东段的边界，使中国的东北方维持了约 170 年的和平。解决完东北领土问题之后，康熙皇帝又挥师西北，讨伐准噶尔汗国，击败了它的首领噶尔丹。

与武功相比，康熙皇帝的文治似乎更让人刮目相看。他倡议编修了一部《康熙字典》，里面收集了近 5 万汉字；他还组织编辑了 900 卷的《全唐诗》和 10 000 卷的《古今图书集成》；他甚至还派遣传教士到全国测量地形、地貌，绘制出了中国第一部以经纬度分幅的实测地图——《皇舆全览图》。

康熙在当了 61 年皇帝后去世了，接替皇位的是他的第四个儿子胤禛，也就是雍正皇帝。雍正在位的时间虽然只有 13 年，但他的政绩也比较可观。他整顿吏治，打击朋党，在用人和理财方面多有建树。在雍正统治期间，清朝国库存银达 6 000 万两，是清朝最富庶的一个阶段。

雍正之后，乾隆继承了大清国的皇位。由于祖父和父亲已经把国家建设得强大富足了，乾隆在位期间乘势不断征伐，建立了所谓的"十全武功"，征服了南方的缅甸、安南以及平定西藏的内乱。这其中尤以成功管理西藏最值得称道。1750 年，西藏发生叛乱，乾隆皇帝派兵平定了叛乱，并趁机将西藏喇嘛教的教权也纳入了清朝的行政管理框架之中。

清代人口的压力：突破3亿大关

中国现在的人口有 14 亿之多，是世界上的第一人口大国，可在历史上，由于绝大多数时间都处在农业时代，中国人口的增长是很缓慢的，直到宋朝才突破 1 亿，明朝末年全国的总人口才达到 1.5 亿，人口的迅猛增长是到清代才发生的事。乾隆年间，全国总人口数突破 3 亿大关。清朝前期，人口迅猛增长的原因主要是经济的高速发展，经济总量的扩大为人口的持续增长提供了物质保障。当然，康熙在 1712 年宣布"盛世滋生人丁，永不加赋"的政策也刺激了人口的迅猛增长。

在清代以前，人口的持续增长一向被认为是盛世的标志。清朝统治者最初也是这么认为的。可是当人口突破 3 亿大关以后，土地上的出产已经难以满足越来越多的人生存的需要。清代学者洪亮吉在乾隆年间就看到了人口增长对社会造成的巨大压力，提出了他自己的"人口论"，其内容可概括为三点：其一，耕地的增长速度赶不上人口的增长速度。其二，当人口压力过大时，为解决过剩人口，就得用"天地调剂之法"和"君相调剂之法"。所谓"天地调剂之法"，就是发生水旱、瘟疫等自然灾害，天灾会造成人口的大量减少。所谓"君相调剂之法"是指朝廷通过移民、垦荒、救济等方式盘活资源，尽最大的可能来养活越来越多的人口。其三，如果"天地调剂之法"和"君相调剂之法"都失效了，那么人口急速增加就会引发社会动乱。

乾隆末年和嘉庆初年的起义，可在一定程度上看作是人口压力引发的一次社会危机。清朝早期，大量流民进入了四川、湖北、河南交界的荆襄地区，靠开发那里的原始森林赖以谋生。到了清朝中期，这一地区的人口达到了它所能容纳的最大限度。在这种情况下，一旦遇到灾荒，农民就会流离失所，成为流民，流民一多，则必引发社会动荡。

白莲教起义就是在这种情况下发生的。乾隆后期，官僚、地主、富商大肆兼并土地，导致社会矛盾愈发激烈。荆襄地区人口激增，人均耕地严重不足，粮食出现短缺，粮价随之猛涨，饥民越来越多。此时，再加上统治阶级生活奢侈、贪官污吏横行，人们的反抗情绪日益高涨。各地白莲教教首趁机宣扬"穿衣吃饭，不分你我""有患相救，有难相死，不持一钱可周行天下"等思想。这种带有平均主义和民粹主义倾向的宣传满足了底层民众的要求。因此，白莲教迅速发展壮大，他们很快将"吃饭穿衣，不分你我"的口号转化成了名为"吃大户"的聚众哄抢行动。零散的聚众哄抢最后在1795年酿成了大规模的武装起义。白莲教起义者以白旗为号，白布包头，互相联络，声势浩大。

白莲教起义不断蔓延，波及湖北、陕西、四川、河南、甘肃五省，历时九年。清朝动用了大量的军队，耗费了2亿两白银（相当于清朝当时四年的财政收入）才平定了这场社会动乱。平定这场动乱让清朝元气大伤，清朝就此结束了康乾盛世，转而走向衰落。

"鸡蛋里挑骨头" ——清朝的文字狱

　　清朝统治者入主中原，他们的统治带有鲜明的"部族"特点，即他们的所有政策都以有利于维持满族人的统治地位为最优先选项。因此，清朝前期的统治者在开疆辟土、发展经济的同时，也制造了大量的文字狱，以钳制人民的思想。

　　比如，雍正时期的礼部侍郎查嗣庭出任江西考官，出了一道"维民所止"的考题，就因为出这考题被捕自杀，原因是有人将"维"和"止"两个字解释为要去掉"雍正"的头。乾隆时期，文人全祖望撰文歌颂顺治，其中有"为我讨贼清乾坤"之句，这个句子使他差点丧命，乾隆的解释是"竟敢冠贼字于清字之上，尤为悖逆"。在今天看来，清朝皇帝所搞的文字狱，简直就是"鸡蛋里挑骨头"，毫无道理可言。可清朝前期的几代皇帝，制造了大大小小一百多起文字狱，很多读书人因为撰文、写诗而被处斩，他们的家人、朋友和学生也都遭受了株连。

　　清朝统治者制造的文字狱摧残了中国的思想活力和文化创造力。中国古代的士大夫，原本有以天下为己任的情怀和气节，可是在清朝大规模文字狱的高压之下，读书人只好放弃崇高的理想和士人的担当精神，转而做没有风险的"考据学""金石学"等远离政治的学问。

　　乾隆皇帝命人把所有重要的书籍搜集完整，重新编写一套有史以来最

大的丛书，取名《四库全书》。《四库全书》分经、史、子、集四部，基本上囊括了中国古代所有图书，可就在整理大量古籍的同时，乾隆命人乘机销毁了对清朝统治者

《四库全书》

乾隆三十八年（1773年），开馆纂修《四库全书》，历经十年完成。共收书三千四百六十余种、七万九千三百余卷。分经、史、子集四部，简称"四库"。

不利的书籍。可以说，乾隆组织编辑《四库全书》，表面上是在做一项浩大的文化工程，可实质上则是借机对中国古书进行一次大审查——凡是不利于清朝统治者的古籍，一律销毁。有人统计，乾隆编辑《四库全书》时销毁的书籍有 15 万册之多，此外还销毁版片 170 多种，8 万多块。此外，乾隆还借机对明朝档案进行了系统性的销毁，致使明朝档案仅剩 300 多件，估计不少于 1 000 万份的明朝档案被销毁。在中国延续了 2000 多年的帝国制度，到了明朝的时候其实就已经失去活力了。帝王专制的坏处，不但普通民众能感受得到，而且就连身为最高统治者的皇帝也不堪重负、深受其苦。清朝取代明朝之后，继续沿用帝国制度，而且皇帝专制的程度比明朝有过之而无不及。清朝前期之所以取得了"康乾盛世"的局面，原因根本不在于制度创新、文化创新，而仅仅在于清朝的统治者"旧瓶装新酒"，靠着特殊生命力给濒于灭亡的帝制又输了一次血而已。所谓的"康乾盛世"，在某种程度上也可看作帝制的最后一次回光返照。

清朝的衰落

　　历史中充满了因果。前一个朝代灭亡的原因，往往会让新王朝的统治者倍加警惕，实现良好的治理。一段难得的盛世之中，往往也会埋下后来衰败的种子。

　　大清王朝也是如此。或许是鉴于明朝中后期不靠谱的皇帝太多的教训，清朝前期的皇帝均勤政、好学，康熙、雍正、乾隆等皇帝在治理国家时无不小心翼翼、兢兢业业。正是在这样的背景下，才有了所谓的"康乾盛世"。

　　"康乾盛世"算是一段相对承平、秩序井然的岁月，可是在这盛世之下，衰落的因素已然呈现。就在乾隆统治的后期，清朝便转入了衰运。由盛转衰的原因，最直接的表现就是最高统治者的气度一代不如一代。以清朝富强程度而论，当然是乾隆一朝最盛，可就帝王的个人气质而言，乾隆之好大喜功，不如雍正之励精图治；而雍正之刻薄寡恩，又不如康熙之宽仁敦厚。

　　清朝由盛转衰的另一个原因则在于清朝官僚日益腐败、堕落。清朝建立之初，统治者对中原汉人充满了戒备之心，不敢有丝毫懈怠。可在经过 100 多年的承平岁月之后，他们觉得统治已然稳固，戒备之心日渐放

万国来朝图

宫廷画家为了弘扬清朝政府的威德，展现"四夷宾服、万国来朝"的繁荣景象而作。（清·宫廷画师）

松，而人性卑劣的一面则日渐暴露，清廷出现了大规模的贪腐现象。比如，乾隆晚年宠信和珅，和珅则疯狂贪污。及至嘉庆打击和珅，对其抄家之时，发现其家中珍宝无数，其家财之多相当于当时清政府 10 年的财政收入。巨贪到如此程度，可谓骇人听闻，故有"和珅跌倒，嘉庆吃饱"之说。和珅不过是清朝官场腐败的一个例子。吏治败坏之后，官民矛盾增加，再加上人口的急剧增长超过了耕地出产粮食的供给限度，乾隆末年的社会矛盾和阶级矛盾十分尖锐，由官逼民反而导致的民变现象屡见不鲜。到了嘉庆初年，爆发了大规模的白莲教起义。白莲教起义让清朝元气大伤，盛世局面从此结束。到了道光年间，中英之间爆发了鸦片战争，揭开了中国近代史的开端。

鸦片战争之所以具有划时代的意义，就在于它标志着清朝对外关系的一种重大转变：由原来的中国王朝惯用的朝贡体系转向世界通行的条约体系。这种转变是被迫完成的，但它也意味着中西方交流的大势不可阻挡。鸦片战争既是清朝衰败的一个结果，同时也是中国人发现西方、认识西方、学习西方的一个开端。

在鸦片战争之前，中国在世界上是一个孤立的国家，没有加入任何国际团体，除在康熙年间因战事与俄国签订了《中俄尼布楚条约》外，没有与世界上的其他各国签署协约。与国际上的孤立处境相匹配的，是中国的通商制度极不合理。1757 年，乾隆皇帝下令，只允许广州一地为通商口岸，随后又规定外国人必须经过公行的沟通，才能与中国通商。公行由此操纵了对外贸易的专营权，并利用特权敲诈勒索外商，肆意盘剥。1792 年，英国国王乔治三世派出以乔治·马戛尔尼勋爵为首的访华使团，希望能和中国通商。可是，自命不凡的乾隆皇帝一口回绝了英国的通商要求。二十三年之后，英国再次派出使团访华，继续要求通商。结果，因使团拒绝向嘉庆皇帝行跪拜大礼，直接就被驱逐出境了。

清朝在衰落之际还如此傲慢，全因其不了解世界大势。就在乾隆皇帝忙着下江南游玩之际，世界已经发生了天翻地覆的变化，一位叫瓦特的英国人改良了蒸汽机，工业革命由此揭开了序幕；在美洲大陆，一群英国移民建立了一个崭新的国家，叫美利坚合众国，这是一个完全没有皇帝的国家；在欧洲，法国人民发动了大革命，处死了国王路易十六，把贵族也赶跑了，建立了法兰西第一共和国。此时，西方已经升级到了工业化时代，"主权在民"的民主体制也已经确立，"自由、平等、博爱"等人权观念逐渐成为社会共识。而当时的清朝人对这些则一无所知，在国人眼里，西方人只不过是一种长着高鼻梁、蓝眼睛的野蛮人。对于这样的人，还是不接触为妙。这种保守的观念让中国自绝于世界体系之外，社会发展变得越来越落后。

以英国为首的西方人要在全球范围内发展贸易，他们绝不会放弃中国这个巨大的海外市场。既然用外交协商的方式不能实现与中国通商的目的，那他们就选择用鸦片交易来敲开中国的大门。鸦片大量输入，不仅危害了国人的健康，而且导致中国白银大量外流，引起银价剧烈上涨，给中国经济和社会造成了巨大的破坏。道光皇帝于是指派钦差大臣林则徐去广东禁烟。林则徐用围困英国使馆、扣押英国商人等手段查禁了2万多箱鸦片，并于1839年6月在虎门海滩销毁了查禁的鸦片。

严厉的销烟运动使中英两国的矛盾迅速升级。1840年，英国议会决议，对中国发动战争。鸦片战争中，英国最初只派出了远征军7000人，后来逐渐增加到2万人，仅仅凭着这样的兵力，就击败了总人口超过4亿、军队人数世界第一的大清王朝。这足以说明，中国确实落后了。还停留在古代农业时期的中国及其军队，根本不可能与已经崛起的先进工业国进行对抗。在鸦片战争失败后，清朝与英国人签订了《南京条约》，清政府向英国赔偿银圆2100万，把香港割让给英国，同时开放广州、福州、厦门、宁波、上海五处通商口岸，允许英国人在这五地通商、居住。

但鸦片战争并没有让清朝的观念发生根本改变，清朝官员对待英国人依然用老一套的外交手法，不愿意切实履行条约的规定。例如《南京条约》约定，英国商人可以住在广州城，但实际上英国人进不了广州。英国人找清政府官员谈判，则没人回应，清廷官员采取能躲就躲、能拖就拖的战术，消耗英国人。于是中英双方又产生了很多摩擦和矛盾。1856年，广东巡抚叶名琛派兵登上英国"亚罗号"商船搜查，此事再次引发了战争。这一次，英法两国组成联军，一直打到北京，咸丰皇帝出逃热河，英法联军洗劫并烧毁了圆明园。

在外部受到列强侵略的同时，清朝的内部也不断爆发民变。民变事件

的发生，一则是官逼民反，二则是潜伏于民间的"反清复明"思想趁清朝衰落之际重新燃起。自 1840 年鸦片战争爆发到 1851 年太平天国起义的这 11 年间，清朝无一年不爆发"民乱"。"民乱"不断聚积，最终引发了规模巨大的太平天国运动。

太平天国运动的领导人是洪秀全。他创办拜上帝会，打着宗教的旗号组织农民起来反抗清朝。他于 1851 年在广西金田村率领农民起义，建号太平天国，洪秀全自称天王，正式挑战清政府，随后攻占了永安县城。太平军一路进兵，于 1853 年攻下了南京，定都于此，改名天京，形成了与大清王朝争夺天下的局势。太平天国直到 1864 年才被湘军消灭，前后历时 14 年，是历史上规模最大的农民起义。

在镇压太平天国起义的过程中，曾国藩和他创办的湘军趁势崛起。曾国藩和他的同僚、门生开始创办洋务，推动中国走向工业化。他们兴办近代军事工业和民用工业，并对清朝政府的军事、外交、文化教育及相关机构进行改革。这在

圆明园

圆明园遗址在今北京海淀附近，是环绕福海的圆明、长春、绮春三园的总称。始建于康熙四十八年（1709 年）。1860年，英法联军火烧圆明园。公元 1983年北京市政府集资修理，万春园、福海、万花阵等陆续恢复。

当时是一种进步的力量。但在轰轰烈烈地搞了 30 多年"洋务"之后,中国还是在甲午海战中败于日本,不得不再次签订屈辱条约,割地赔款。甲午海战失败及随后中日《马关条约》的签订,标志着洋务运动的最终失败——洋务运动并没有使中国真正强大。

中国在甲午海战中失败,在外部引发了列强瓜分中国的狂潮。各国看到日本在中国获得实际利益,就竞相争夺,纷纷要求划定势力范围。甲午战争也促使中国人猛醒:既然洋务运动不能救中国,那么中国该往何处去呢?于是就有了"改良"和"革命"两种思路。

提出改良方案的代表人物是康有为,他在中日《马关条约》签订后,发动在北京考试的举人联名上书,主张迁都抗战,这便是有名的"公车上书"。"公车上书"揭开了维新变法运动的序幕。维新变法运动在清光绪二十一年(1898 年)达到了高潮,这一年,康有为上书光绪皇帝,提出了一系列的改革建议。光绪皇帝对康有为大加赞赏。于是,康有为、梁启超、谭嗣同等人在光绪皇帝的支持下推行变法。在 103 天之内,维新派发布了 200 多项改革措施,如罢免了许多顽固守旧大臣的职务,裁撤了一些不必要的机构,废除了八股文等。

公车上书浮雕像

1895 年 5 月初,康有为上书光绪帝,主张拒签和约、迁都抗战、变法图强。

维新变法运动打碎了很多人的铁饭碗,引起了一些保守官员的反对。更关键的是,光绪皇帝大批裁撤官员,让慈禧太后感到大权旁落。于是,慈禧太后发动政变,囚禁了光绪皇帝，并下令逮捕参与变法的人，维新变法运动宣告失败。康有为、梁启超等人逃到了日本，谭嗣同、林旭、杨深秀、刘光第、杨锐、康广仁六人则喋血菜市口，是为"戊戌六君子"。

维新派的戊戌变法运动失败后，剩下的就只有"革命"一途了。提出革命主张的代表人物是孙中山，孙中山意识到只有通过发动武装革命，彻底推翻清王朝，才能最终救中国。1894年，孙中山在檀香山成立了革命组织"兴中会"。

戊戌变法运动失败后，孙中山的革命主张得到了许多社会精英的认同。革命事业发展得很快，全国各地都成立了革命团体，孙中山将各地的革命团体联合起来，组成了"同盟会"。同盟会发动了好多次武装起义，但都失败了。可是在1911年10月10日，湖北新军中的革命党趁着清军被调往四川镇压保路运动之机发动了武昌起义，这次起义成功了。

武昌起义之后，各省纷纷宣布独立，清朝政府由此土崩瓦解。1912年2月12日，隆裕太后携6岁的溥仪皇帝举行了最后一次早朝，颁布退位诏书，宣布"将统治权归诸全国，定为立宪共和国体，近慰海内厌乱望治之心，远协古圣天下为公之义"。此举标志着大清王朝正式终结，同时也宣告自秦始皇以来实行了两千多年的帝制彻底走到了尽头。

洪秀全本是个落第秀才，他所创立的"拜上帝会"不过是借用了基督教中的"上帝"之名而已，他宣称耶和华为"天父"，耶稣为"天兄"，自己则为"天弟"。他自称是奉天父、天兄之命来救世界的。"拜上帝会"还抛弃了基督教中教人隐忍的修身内容，强化善恶对立，号召拥护他们的群众"誓灭清妖"。同时，在礼拜唯一真神"上帝"的名义之下，太平天国还取缔了祖先祭祀，并捣毁孔子牌位，焚烧儒家经典。这一点，恰如李泽厚所言："洪秀全的上帝不是近代资产阶级'博爱'之梦，而是农民弟兄的复仇之神。"可以说，洪秀全创办"拜上帝会"，借"上帝"之名，假托神权进行政治和军事斗争。

　　在洪秀全领导太平天国攻击清朝之时，西方列强对中国的局势并没有明确的判断，他们不知道是该支持清廷还是该支持太平天国。可是，随着时间的推移，洪秀全及其统治集团暴露出来的无知、奢靡、粗暴、颟顸的一面越来越为世人所熟知。尤其是在定都天京之后，太平天国的统治阶层，就迅速腐化变质，他们一面大肆享乐，一面互相猜忌、倾轧。他们说诸王是天父所生的平等兄弟，可结果却是兄弟相杀；他们宣扬废除私有制，建立"有田同耕，有饭同食，有衣同穿，有钱同使，无处不均匀，无人不饱暖"的美好天国，实际上是洪秀全和诸王聚敛了大量的财富；他们倡导夫妻分营而居和一夫一妻制，可天王洪秀全却有许多嫔妃，至此，"拜上帝会"为西方传教士所唾弃，西方人对待太平天国的态度发生了逆转，他们最终选择了支持清政府，美国人华尔还组建洋枪队，与太平军作战。

洪秀全雕像

洪秀全：太平天国领袖。原名仁坤，广东花县（今广州市花都区）人。

最能说明外国人对太平天国态度转变的就是马克思。太平天国起义刚爆发不久，马克思即撰文支持这场运动，他诗意地预言："世界上最古老最巩固的帝国，八年来在英国资产者的大批印花布的影响之下已经处于社会变革的前夕，而这次变革必将给这个国家的文明带来极其重要的结果。如果我们欧洲的反动分子不久的将来会逃奔亚洲，最后到达万里长城，到达最反动最保守的堡垒的大门，那么他们说不定就会看到……自由、平等、博爱。"

然而，十二年之后，1862年，当马克思充分了解情况之后，他又在《中国纪事》一文中毫不留情地抨击太平天国："除了改朝换代以外，他们没有给自己提出任何任务。他们没有任何口号。他们给予民众的惊惶比给予老统治者们的惊惶还要厉害。他们的全部使命，好像仅仅是用丑恶万状的破坏来与停滞腐朽对立，这种破坏没有一点建设工作的苗头……"

洋务运动为什么一定会失败

从 19 世纪 60 年代初期到 90 年代中期，在这 30 多年的时间里，洋务运动在中国呼风唤雨，风光一时。它是清廷在内外交困之际所采取的一种自保性质的改革。当时，外有列强环伺，内有太平天国起义，在这种情况下，清廷的一部分当权者决定首先把"心腹之害"的太平天国镇压下去，而后再设法抵御被认为是"肢体之患"的外国侵略。为此，他们开始实行所谓的"自强新政"，引进和学习西方先进的科学技术（首先是军事技术），一方面企图通过与西方搞好关系，以争取军事支援，另一方面也想通过此举实现中国的工业化，最终达到"自强"的目的。

洋务派的想法当然是不错的，可是，一开始，洋务运动就在体制和技术之间出现了脱节的现象。按照张之洞的说法，洋务运动学习西方是"中学为体，西学为用"，即坚持大清帝国的整个体制和意识形态，仅仅学习西方的技术。岂不知，"体"和"用"在很多时候都是不可分离的。正如严复所说："体用者，即一物而言之也，有牛之体，则有负重之用；有马之体，则有致远之用。未闻以牛为体，以马为用者也。"道理很简单，如果当时中国的整个体制和意识形态不变，仅仅学习西方的先进技术于"自强"无补，正如将马腿强行移到牛身上一样，两者因不配套而互相扞格，双双失效。洋务运动的失败最终证实了严复的判断，"体""用"之间的严重脱节可说是洋务运动失败的最根本原因。洋务运动以它的失败告诉后人，没有体制变革的足够配合，单纯靠技术变革和实业发展是走不远的。

洋务运动的另一个脱节之处是，它追求的目标是国家富强，可在实际操作的过程中，它不但没有能让底层民众享受到变革的好处，而且还在一定程度上造成了民生凋敝。洋务运动是一场自上而下的变革，变革一直就是以政权为本位而非以民生为本位的。洋务派建军械所也好，制造军火和轮船也罢，主要目的都是增强清朝政府的军事实力和工业实力，对于普通百姓能否从这场变革中获得好处，他们考虑不多。甚至，为了所谓的国家富强，他们还不惜侵害普通百姓的切身利益。

洋务运动大力修建铁路、建造轮船、发展机器制造业和采矿业，这些产业当然是中国所需要的，可是，产业的升级换代往往会让一些底层劳动者失业。因此，在一个负责任的社会体制下，政府在推行技术变革、实现产业升级的过程中，必须顾及底层民众的承受力，不能让最底层的百姓生活得更加悲惨。可洋务运动不是这样。铁路运输和轮船航运业的发展让大量的"船户""车户""脚夫"失业。这些最底层的劳动者被洋务运动挤出了旧业，却又难以进入新业，伴随他们的只有每况愈下的困顿和日复一日地怨恨。所以，当时就有人批评洋务运动是"刮天下贫民之利而归之官也"。就连洋务派的代表人物李鸿章也承认："今之熟悉洋务者，往往于吏治、民生易于隔阂"。

洋务运动既然"隔阂"于民生，甚至还"刮天下贫民之利而归之官也"，那么它得不到广大普通百姓的支持也就在情理之中了。离开了广大民众的参与和支持，它最后失败不也是在情理之中吗？一场改革也好，一次技术变革也罢，如果不从民众的本位出发，不以改善民生为出发点和落脚点，而只把底层民众当作一种工具，使其承受改革的阵痛，那么，这样的改革必将被广大民众所抛弃。这可以说是洋务运动的重要启示。

最后还得说一说洋务运动中用人的问题。在洋务运动中，李鸿章、张之洞等人提拔使用了什么样的人呢？简单地说，具体经办洋务的人在事功和道德之间严重脱节。一方面，他们买船造炮、开矿练兵，积极地为中国引进西方的近代工业和先进技术，另一方面，这批人也借经办洋务之际中饱私囊，大搞腐败。这就使得一批奔竞之徒聚集在洋务运动的旗帜之下，而有理想、有操守的正直之士因耻于与小人为伍而日渐疏远洋务，结果就造成了一种奇怪的人事现象：洋务运动本为当时一股先进的力量，可是，参与洋务运动的人却多是追名逐利、没有道德操守的"腐败分子"。这一点，就连洋务派的代表人物张之洞也不讳言，他说："近年习气，凡稍知洋务者，大率皆营私渔利之徒。"梁启超后来总结历史，更是称洋务中人为"一世鄙夫"。

一项从理论上讲绝对先进的事业，最终却落到了一群"营私渔利之徒"的手里，历史的诡谲在此暴露无遗。理论上的先进性与实际操作中的腐败行为交织在一起，暴露了洋务派在做事与做人之间的严重脱节。李敖说，"与什么人一起奋斗有时比为什么奋斗更重要"，既然搞洋务运动的"大率皆营私渔利之徒"，那么，它最后以失败收场也就不足为奇了。

历史的烟火

—— 古人的衣食住行 ——

穿在身上的美丽——服饰简史

从救命的狐白裘说起

孟尝君是"战国四公子"之一，他是齐国人，但由于名声在外，秦昭王曾召他入秦，任命为秦相。可还没等他在秦国施展拳脚，就遭遇了性命之忧。原来，有人向秦昭王进言，说孟尝君是齐国人，他做秦相，必然把齐国的利益放在第一位，然后才考虑秦国的利益，而这对秦国来说太危险了。秦昭王一听，觉得很有道理，就把孟尝君给软禁了起来，还想找个理由杀了他。

面临杀身之祸的孟尝君赶紧派人向秦昭王的宠妃求救。这个宠妃说，让我帮忙可以，孟尝君得把他那件著名的狐白裘送给我。

狐白裘是一件极其名贵的裘皮大衣，是用白狐的腋下之皮毛补缀而成的。白狐本身就很稀有，一只白狐的腋下之皮毛只有很小的一块，要做一件大衣，需要集齐上百个"白狐之腋"。因此，孟尝君的这件狐白裘是当时的稀世珍宝，天下无双。可是，这件狐白裘此时已经不在孟尝君手上了——他刚到秦国的时候就把它作为见面礼献给了秦昭王。

怎么办呢？孟尝君的门下有个食客，善于假扮成狗，干盗窃之事。他跟孟尝君说，我去帮您把狐白裘偷出来。于是，这个门客夜里扮作狗，潜入秦昭王的宫中，偷出了狐白裘。于是，孟尝君转而把狐白裘献给了秦昭王的宠妃。

宠妃得到心心念念的狐白裘，就在秦昭王面前为孟尝君说情。秦昭王听信宠妃的话，释放了孟尝君。被释放之后，孟尝君赶紧逃跑，才最终离开了秦国，脱离了危险。

在孟尝君秦国历险的故事中，狐白裘是一件重要的救命道具。如果不是门下的食客成功偷出这件极品服饰，那孟尝君很有可能就小命不保了。

从宏观上看，像狐白裘那样能成为稀世珍宝的服饰在历史上当然是极少数。可即便如此，我们也必须承认，服饰在历史发展中仍旧起着非常重要的作用。

我们先说服饰的基本功能。汉代刘熙在《释名·释衣服》说："凡服，上曰衣。衣，依也，人所依以庇寒暑也；下曰裳，裳，障也，所以自障蔽也。"这段话很好地概括出了服饰最基本的功能：保暖、防晒、遮羞。除了基本功能外，服饰还有社会功能，比如标识身份、美化身材和容貌等。服饰的诸多功能，构成中国博大精深的服饰文化。而从服饰文化发展的历史中，我们又可窥见中国古代科技、艺术和文化观念的层层演进。

除了"皮""草"，古人还能穿什么

中国古人做衣服用的材料主要有皮、葛、麻、布和丝绸。

狐狸、麋鹿、狗、羊等动物的皮毛有很好的保暖效果，早在原始社会时期，中国古人就知道这一点，并学会用动物的皮来做衣服了。葛是一种豆科植物，有很长的藤蔓。中国人在新石器时代掌握了织造葛布的技术，他们用热水煮葛藤，用剥下的葛皮织成葛布做衣服。葛布有两种，比较精细的叫"绤"，粗糙一些的叫"绤"。用葛做的衣服比较轻薄，适合夏季穿。《韩非子·五蠹》中说"冬日麑裘，夏日葛衣"，指的就是冬天穿鹿皮做的衣服，夏季穿葛布制作的衣服。

麻是一类植物，有大麻、苎麻、苘麻等，用麻做成的织物就叫麻布。

在棉花引入中国之前，中国古书中所称的"布"，多指麻布。我们今天做棉衣使用的棉花原产印度，具体传入中国的时间现在尚无定论，有的说在南北朝时期就传入中国了，有的说是唐朝传入中国的，但这两种说法都没有实物证据。实物证据来自宋朝，1966 年，考古工作者在浙江兰溪高氏墓中出土了一条南宋中期的棉毯。这条棉毯长 2.51 米，宽 1.16 米，是纯棉织品，细密柔软，质量相当好。这条棉毯证明，到了宋朝，我国长江流域已经出现了棉纺织业。从宋到元，棉花的种植区域不断拓展，棉花的产量也相当可观了。可惜的是，当时的棉纺织技术一直跟不上。

让中国古代的棉纺织技术取得突破性进展的人物是黄道婆。黄道婆原是宋末松江乌泥泾（今上海华泾）的一名妇女。她幼时为童养媳，因不堪虐待，流落到崖州（治今海南崖城），并在那里生活了近 30 年。在崖州期间，她向黎族妇女学习纺织，并加以改进，总结出了一整套高效的棉纺织技术。到了元朝元贞年间（1295—1297 年），黄道婆返回故乡，推广纺织技术，并改进纺织工具，制造出擀、弹、纺、织等专用机具。黄道婆创造的新式纺车，纺纱效率是旧式纺车的两三倍。黄道婆为中国棉纺织业的发展做出了重要贡献，被后人誉为"衣被天下"的纺织家。

在中国人制作衣服的材料中，丝绸是最典型的"中国符号"。现在发现的最早丝织品是浙江吴兴钱山漾新石器时代遗址出土的一段丝带和一小块绢布，在河姆渡遗址中也发现有养蚕和丝织品的迹象。这说明中国人早在七千多年前就种桑养蚕，用蚕丝纺织出了丝绸。丝绸是中国献给世界的重要礼物，在非常长的一段时间里，丝绸都是中国对外出口的重要物资。古埃及和古罗马都曾把中国的丝绸看作"光辉夺目，人巧几竭"的珍品。当年，古罗马的恺撒大帝穿着一件中国丝绸做的袍子去剧场看戏，结果引起了全场轰动，中国丝绸由此受到了古罗马贵族的狂热追捧。古罗马大量购买中国丝绸，导致货币外流严重。这种情况越到后来越严重，到了提比利乌斯当政时期，他曾下令禁止罗马人穿丝绸制作的服装。然而，早已经习惯了穿中国丝绸的古罗马人，再也过不了没有丝绸的日子了，最终提比利乌斯的禁令也没能阻止中国丝绸继续销往古罗马。由于中国丝绸在古罗马名声太响，当时的罗马人甚至直接称中国为"丝国"。正因为丝绸在中西方的商业贸易占据着极其重要的地位，所以才有了著名的丝绸之路。直到今天，丝绸之路依然是中国对外贸易的重要通道。最关键的是，中国人用葛、麻、丝绸等纺织品做衣服，意味着中国的服装史从动物皮毛时代推进到了纺织品时代。

中国古代服饰的主要类型有深衣、襦裙、氅衣、衬衣、披风等。所谓深衣，就是上衣和下裳连在一起，深深地包住身体。上身穿的短衣和下身束的裙子合称襦裙，襦裙特别能体现中国古代"上衣下裳"的规制。按照裙子的长度，襦裙又分为齐胸襦裙、齐腰襦裙和袄裙等。氅衣最初是由仪仗中的"鹤氅"转化而来的，早期用羽毛制作，后来演变成了袍服的样子。衬衣是指贴身穿的单衣。披风是一种防风外衣，大多直领对襟，颈部系带。

除了衣服，古人戴的帽子也值得一说。古人将帽子称为冠、冕、弁、帻等。冠一般由冠圈、冠梁组成。冠圈套在发髻上，冠梁从前到后，压住头发。冠圈的两侧各有一条丝带，便于在下巴处系结，以固定戴在头上的冠。冕是制作精美的冠，它在冠之外加冕板、冕旒等装饰部分，使其看来格外"高大上"。因为"高大上"，所以古人一般在参加比较庄重的活动（比如祭祀）时

皮弁

才戴冕。弁是贵族穿礼服时戴的一种帽子，分皮弁和爵弁两种。帻是平民日常戴的一种帽子，它是罩在头部发髻上的一块方巾，一直覆盖到前额。

中国古代男子虚岁20岁时会举行冠礼，名为弱冠，表示已经成年；女子则在虚岁15岁时将头发盘起，插入簪子加以固定，是为及笄。男子举行冠礼之后就要承担成人的责任，女子及笄之后意味着可以出嫁了。中国古人举行的冠礼和笄礼，实质是对年轻人进行的一种人生教育——用一种特殊的仪式让他们意识到自己已经长大成人，要承担责任了。

为什么古人没有"穿衣自由"

在中国古代，穿衣戴帽绝不只是个人的事情，而是社会等级制度的一种外在体现。不同身份的人应该穿什么、戴什么，这都是当时的社会制度规定好的，个人不能乱穿乱戴。早在西周时期，随着天子、诸侯、卿大夫、士、平民这样等级森严的社会结构的确立，区别上下尊卑的各种礼仪也就应运而生了，这就是大名鼎鼎的"周礼"。周礼反映在服饰上，就有了祭礼服、朝会服、从戎服、吊丧服、婚礼服等。这些服饰应用于不同的场景，贵族们祭祀时要穿祭祀用的礼服，朝会时要穿朝服，出征打仗则要穿戎装，吊丧时穿丧服，结婚时则要穿结婚礼服。

到了唐朝，规定黄色的服饰是皇家专用颜色，文武百官和平民百姓不得再穿黄色服装，后世的帝王沿用了这一做法。由于黄色龙袍只有皇帝才有资格穿，所以后世经常用"黄袍加身"代指一个人登基称帝。皇帝之外，不同级别的官员，所穿的衣服也不能一样。比如，唐朝规定，三品以上的高官，穿紫色官袍，佩金鱼袋；三品以下、五品以上的官员穿绯色官袍，佩银鱼袋；六品、七品的官员穿绿色官袍，无鱼袋；八品、九品的官员穿青色官袍。

到了明清两代，官服的品阶不用颜色来表明了，改用"补子"来区别。所谓补子，是指在官服前胸或后背织缀的一块绸布，绸布上绣着不同的图案。官阶不同，官服补子上的图案也就不同。明清两朝，文官官服补子上的图案是飞禽，武将官服补子上的图案猛兽。补子图案和官阶的对应关系如下。

文官：一品仙鹤，二品锦鸡，三品孔雀，四品云雁，五品白鹇，六品鹭鸶，七品𪆻鶒（紫鸳鸯），八品鹌鹑，九品练雀。

武官：一品麒麟，二品狮子，三品豹，四品虎，五品熊，六品彪，七品、八品犀牛，九品海马。

官服之外，在一些特殊场合，人们所穿的不同服饰往往也具有表明身份的功能。这方面最典型的例子就是古代的丧服。古人去世之后，亲属所穿的丧服不一样，就意味着他们与死者之间的亲疏关系不同。

八达春游图

它是五代时期后梁画家赵喦的作品。画中八位骑马的达官贵人，骑着骏马在苑林中春游。作品从侧面也反映了当时的服饰特点。（五代·赵喦）

中国古代丧服有五个等级，分别为斩衰、齐衰、大功、小功、缌麻。其中，斩衰最重，父亲去世，子为父服丧，所服的就是斩衰之丧。斩衰的丧服，要用最粗的生麻布制作，衣服的旁边和下摆都不缝边，"斩"就是不缝边的意思。这样的丧服，没有任何修饰，出殡时披在胸前，也就是俗称的"披麻戴孝"。

齐衰次于斩衰，妻子去世，丈夫为妻子服丧，所服就是齐衰之丧。齐衰的丧服，是用熟麻布做的，衣服缝边。因为缝边，衣服看上去还算整齐，所以才叫"齐衰"。

大功次于齐衰，姑姑去世，侄子为姑姑服丧，所服就是大功之丧。大功的丧服，也是用熟麻布做的，但比齐衰的丧服精致。接下来，小功的丧服比大功的丧服精致，缌麻之丧的丧服又比小功的丧服精致。总之，随着血缘关系的递减，所穿丧服也逐次向正常服装的方向靠拢。

今天，我们提倡移风易俗，古代复杂的服丧制度已不适应今天的社会生活了，等级森严的丧服也不被现代人使用。我们只需要知道一点：古人穿衣服，在官场上可用于"别尊卑"，于丧礼上可以"分亲疏"。换句话说，在中国古代，服饰往往是一个人身份的醒目标识物。

中国古代服饰的前世今生

历史发展是有"层累效应"的，所谓"层累"，指的就是一层一层地积累。一种历史文化，往往是若干个朝代层层叠加形成的，中国的服饰文化也不例外。所以，我们不妨梳理一下中国服饰的发展简史。

早在原始社会，中国人的祖先就开始用骨针缝制衣服。到了夏商两朝，中国社会出现了阶级分化，有了统治阶级和被统治阶级。中国服饰也从那时起打上了阶级的烙印，有了"别尊卑，等贵贱"的社会学功能。

到了周朝，等级制度更加细密，体现在服饰文化上，就是形成了严格的冠服制度。服饰在周朝起到象征权力、区分贵贱、约束行为的重要作用。比如，祭祀时穿冕服，朝会时穿朝服，嫁娶时穿婚服，服丧时穿丧服。女子的头饰在周朝也受到宗法礼仪的严格约束，公侯的夫人可以佩戴缀有六件玉饰的发笄，士大夫的妻子只能佩戴缀有两件以下玉饰的发笄，而平民女子佩戴的发笄上则不能有任何玉饰。

春秋战国时期，诸侯争霸、社会动荡，宗法制度遭到严重破坏，服饰制度也在一定程度上出现了松弛。在战国时期，赵武灵王在赵国推行"胡服骑射"。"胡服骑射"是一场富国强兵的改革，赵武灵王之所以选择服饰作为这场改革的切入口，是因为宽袍大袖的中原服饰不便于骑马作战（一来不便于上马，二来风阻太大）。赵国人改穿胡服之后，骑兵的战斗力果然迅速提升。自此，少数民族的服饰开始与中原汉族人的服饰互相

影响，互相融合。

秦始皇统一六国后规定，男服以黑为上，祭祀时要穿上衣下裳的黑色大礼服。同时还规定，三品以上的官员可以穿绿袍，庶民百姓只能穿白袍。西汉时期，社会环境相对稳定，帝国制度得到了确立和发展。随着生产力的提高，纺织技术和印染技术也得到了较大发展，服装的颜色也随之更丰富。

到了东汉永平二年（公元 59 年），东汉王朝的服饰制度正式确立。东汉儒生根据《周礼》和《礼记》中的相关记载，结合秦朝以来的服饰发展，重新制定了祭祀服制与朝服制度。自此，冕冠、衣裳、鞋履、佩环等各有等级差别，穿衣戴帽被纳入整个帝国的制度设计之中。

魏晋南北朝时期，是中国历史上的乱世。这一时期的文人在政治上无法施展拳脚，只好归隐山林，成为隐士。隐士在精神上追求自由，在审美上追求脱俗，他们的这些特点对服饰文化产生了重大影响。魏晋南北朝时期的服饰趋向于宽大舒适，所以，宽衣博带成为这一阶段的时尚潮流，人们穿

高逸图（局部）

图为魏晋时的"竹林七贤"其中的四贤。画作很好地展现了魏晋时期的服饰特点。

衣时追求自然、随意、洒脱的感觉。此外，这一时期也是我国历史上著名的民族大融合时期。匈奴、鲜卑、羯羌、羌、氐等少数民族大规模进入中原，并建立政权。这些少数民族在北方的统治，大大地促进了民族的融合。这一时期的中原服饰更多地借鉴了少数民族服饰的特征。

隋唐时期，中国再度实现了大一统。到了盛唐，政治稳定，经济繁荣，文化发达，大唐王朝成了当时世界的中心。这种大唐气象，自然也体现到服饰上。唐代的服饰文化空前繁荣，服装的款式、色彩、图案、种类极其繁多。尤其值得一说的是，唐朝开放包容的文化环境使得女子着装极为大胆，甚至还出现了"袒胸装"。唐代女性还爱穿"襦裙服"，上身着襦，下身着裙，襦短小，裙肥长，裙用丝带系在胸部或腋下，颈部与胸部则露在外；唐代女性还流行佩戴披帛，披帛类似于今天的丝巾或披肩。她们把一块长条形的巾子披在肩上，再缠绕于手背间，其上印有花纹或金银线织成的图案，成为很好的装饰。此外，唐代女子还喜欢穿胡服

捣练图
图中女子的衣着是唐朝"半袒胸装"的代表。(唐·张萱)

和男装。如果说穿袒胸装、襦裙服能很好地衬托出女性的美丽、温柔的话，那么穿男装和胡服则能展现出唐朝女子豪放不羁、飒爽英姿的一面。

到了宋代，由于受程朱理学的影响，服饰向着严谨、精致、奢华的方向发展。宋代服饰最大的特点就是修身适体。北宋王朝对各级官员的服制颜色做出了严格规定，对士、农、工、商各类人群的服饰也有明确的规定和限制。

元代是中国历史上又一个少数民族建立的政权，服饰上也自然具有蒙古族的特征。元代最有名的服装样式就是"质孙服"，这种服装，上衣连下裳、上紧下短，在腰间加褶皱，肩上挂大珠。

明代服饰"上承周汉，下取唐宋"，以汉族传统服饰为主体，同时出现了一些新元素，比如补子、乌纱帽等。

到了清代，服饰以满族服饰为主体，后来融入汉族服饰的要素。清朝服饰最典型的两款就是男子的马褂和女子的旗袍。清代初期，马褂是骑马打仗的士兵所穿的服装。到了康熙时期，不用打仗的富贵之人也开始穿马褂。随后，马褂迅速流行，成了男式便衣，士庶都可穿。中华人民共和国成立后，马褂逐步被摈弃，后经改良，又以"唐装"的名称重新回到人们的视野中。

旗袍是从满族女子所穿的袍服演变而来的。最初，满族妇女所穿用的袍服，两边不开衩，衣服的边缘绣有彩绿。辛亥革命以后，原来的袍服几经改造，变成了紧腰身、两边开衩的样式。经过改造的旗袍，能让东方女性的体态美充分展现出来，所以深受中国女性的喜爱。时至今日，旗袍已传至国外，为更多的女子所效仿。

服饰和人们的日常生活密切相关，在漫长的历史发展中，中国人不止用服饰来保暖、防晒、遮羞，中国人也不止用服饰来表明身份、等级，中国人还借用服饰来表达深刻、丰富的思想感情。比如，《诗经》有云："岂曰无衣，与子同袍。"这话的意思是，别说你没衣服穿，我的袍子你也可以穿。在这里，古代士兵借助服饰传递生死与共的兄弟友情。孟郊写诗："慈母手中线，游子身上衣。"在这里，诗人借助服饰寄托了深挚的亲情。大音乐家王洛宾写过一首歌，叫《掀起你的盖头来》，盖头是婚礼上

孝贤纯皇后朝服像

此为清乾隆时期的一
幅设色画。图为她24
岁被封为皇后时，由
宫廷画家为她画的朝
服像。(清·宫廷画师)

的一种服饰，在这里，音乐家借助服
饰热烈地讴歌爱情。

中国服饰，若从实物的角度着
眼，我们看到的是一件件的服饰；若
从文化的角度着眼，我们看到的就是
一张更宏大的历史画卷。中国服饰，
左手牵着科技，右手拉着艺术，最终
抒发的是中国人的价值观念、家国情
怀和审美意趣。

舌尖上的味道——古人的"吃"

豆腐史话

有人说,读一本书就像和一位作者聊天。那么,亲爱的读者,这次我想跟大家聊聊中国古人的"吃"。从哪里说起呢?就先说豆腐吧。

今天,人们在超市买一块豆腐实在是一件极容易的事。可是,放在历史长河中来看,中国人发明做豆腐这件事却绝对没那么简单。

首先,要做豆腐要先有大豆。1977 年,考古界在河南新郑发掘出了裴李岗遗址。裴李岗遗址是一处距今 8200—7000 年的新石器时期文化遗址。通过这次发掘,专家发现,当时的先民就已经开始利用野生大豆属的植物了。等到了距今 5000—4000 年的龙山文化遗址,大豆已经出现了明显的栽培特征。此外,在河南禹州瓦店、登封王城岗、山西陶寺、陕西周原等地的考古遗址中,也出土了具有栽培特征的碳化大豆。上面这些考古证明,中国人在远古时代就掌握了大豆栽培的技术。

中国人发明豆腐的时间在西汉,发明者相传是淮南王刘安。刘安是汉高祖刘邦的孙子,他爱读书,对文学、音乐、炼丹等都很感兴趣。他在做淮南王期间,将许多有名的文人学者、炼丹方士等招致门下。这些门客在刘安的主持下,写出了一本很有名的书——《淮南子》。

在刘安当淮南王的时代，淮河流域的农民已经学会使用石制水磨了。农民把大豆用水浸泡，然后放入装有漏斗的水磨内，磨出豆浆和豆糊，豆糊可以摊在锅里做煎饼吃，豆浆则可饮用。人们在磨豆、煮豆的过程中发现，豆浆放久了会凝结，凝结物其实就是豆腐的雏形。身为淮南王，刘安的封地就在淮南。他了解淮河流域农民磨豆、煮豆、生产豆浆的工艺，同时，他还招集大批方士炼丹，从炼丹的过程中学到了化学知识。于是，他采用石膏做凝结剂，通过技术干预，提高了豆浆的凝固速度和凝固质量。如此一来，洁白细嫩的豆腐就制作出来了。

大家千万不要小看了做豆腐的技术。公元 754 年，唐朝高僧鉴真东渡到日本。他到日本后，除了传播佛教，还教会了日本人很多生产生活技能，其中就包括做豆腐的技术。也就是说，日本人是 8 世纪才掌握了制作豆腐的技术，而此时距离西汉已经八九百年了。而欧洲、美洲和非洲人学会做豆腐，则要晚至 19 世纪。

从栽培大豆到发明豆腐，再到制作豆腐技术的对外传播，这不过是中国古代饮食发展史中一个有趣的案例而已。若想了解中国古代饮食发展的主要脉络及相关细节，不妨听我一一道来。

古人都吃些什么

古人吃饭的简史，说到底就是讲古人吃什么、怎么吃的历史。

我们先来看看吃什么的问题。中国古人一直以粮食为主食，以水果、蔬菜和肉类为副食。中国古人把最重要的五种粮食称为"五谷"，即稻、黍、稷（粟）、麦、菽。稻，指的是水稻，去壳之后就是大米；黍是指北方的黍子，又叫黄米，状似小米，色黄而黏；稷是指谷子，去壳之后就是小米；麦是指麦子，磨成面粉就是白面；菽指的是各种豆类。

"五谷"之中，稷最早在北方成为核心主食，原因就在于谷子的适应性强。中国人以"社稷"一词代表国家。"社"最原始的意思是土神，"稷"指的是谷神，土地载育万物，谷子养育民众。古代先民祭祀土神和

水稻

谷神，祈求的是谷子丰收。谷子丰收，人们就能免于饥饿；人们能免于饥饿，国家政权才能稳定。由此可见，中国人很早就认识到吃饭的重要性——吃饭不仅是每个人维持生存之必需，而且还关乎国家政权的兴衰。

随着时间的推移，麦逐渐取代稷（粟）而成为北方的核心主食，这是华夏民族主食结构的一大变化，这种变化是从魏晋南北朝开始的，一直到宋朝才最终形成。而在南方，稻一直就是核心主食。于是，宋朝之后，"北方食麦，南方食稻"的主食格局固定了下来，并延续到了今天。

在北方，麦取代稷（粟）成为核心主食，与面粉磨制技术的发展密不可分。麦最先出现在两河流域，大约 5000 年前，中国人学会了种麦。最早种出来的麦子是煮着吃的。煮着吃，麦粒还带着麦壳，口感很差，只有穷人才肯吃。后来，中国人发明了双扇石磨，用双扇石磨可将麦子磨成白面，再用白面做成馒头、饼等食物。这样，麦子一下子就变得"好吃"了。"好吃"之后的麦子，一跃取代了谷子，成了北方的核心主食。

人类对于食物，最基础的需求是吃饱。吃饱之后，就要"消费升级"，想吃得更好。中国古代主食结构的变迁史，再次证明了这条颠扑不破的铁律。

"五谷"之外，到了明朝后期，我们的粮食作物中又增加了新的成员——玉米和白薯。玉米原产美洲，1492年，著名的航海家哥伦布发现了美洲新大陆，这次地理大发现对世界的影响非常巨大，体现在饮食方面，就是让很多美洲作物走出了原产地，扩散到了世界各地。玉米就是在这个大背景下被引进到中国的。玉米传入中国后，先在东南沿海地区种植，然后又传到了北方。玉米的亩产比较高，所以很快就成了中国人喜欢种植的农作物。

白薯的原产地也在美洲。明朝万历二十一年（1593年），福建长乐人陈振龙到吕宋（今菲律宾）经商，看到当地人种植白薯，就设法把白薯种带回中国。第二年，福建遭遇灾荒。陈振龙的儿子陈经纶向福建巡抚金学曾献计，称白薯是高产作物，产量是谷子的十多倍，若能推广种植，有助于救灾。金学曾采纳了这一建议，在福建各县大规模栽种白薯。这一举措帮助福建度过了当年的灾荒。此事之后，白薯的种植地域突破了福建，逐渐扩散到了南方和北方的诸多地区。

玉米、白薯等高产作物的传入，在相当大的程度上缓解了我国的粮食压力，促进了人口的增长。中国的人口在西汉时就已经达到了6 000万，可一直到明朝末年也只有1亿多，增长的幅度并不大。其中一个重要原因就在于：人口增长速度是受制于粮食产量的，有限的粮食只能养活有限的人口。中国的粮食产量在相当长的一段时间里并没有快速增加，因此，中国人口也就不能快速增长。玉米、白薯等高产农作物引入之后，中国的粮食产量取得突飞猛进的增长，人口随之快速增长也就成了顺理成章之事。明朝末年，中国的人口只有1亿多，到了清朝乾隆时期，中国的人口猛增到2亿多，到了清末就增长到4亿多。

浮萍和水草也曾是蔬菜

说完了粮食，我们再来说蔬菜。中国古人对粮食有"五谷"之说，与之相对，对"蔬菜"也有"五菜"之说。"五菜"之说来自《黄帝内经·素问》，所指的五种蔬菜分别是：葵、藿、薤、葱、韭。葵又名冬葵，民间称为冬苋菜或滑菜，曾一度被誉为"百菜之主"，但到了明朝就退出了蔬菜的行列；藿就是豆的叶子，如今也不被用作蔬菜了；薤是一种野蒜，如今在南方还有种植，但食用的人已经很少了；相比而言，"五菜"中人们还比较熟悉的就是葱和韭了。

在上古时代，人们的物质生活水平低下，蔬菜的种类也远没有今天这么多。有人统计过，《诗经》中提到的植物只有20多种曾被用作蔬菜。有些植物后来还是退出了蔬菜的行列，比如荇、荼、莱、苕等。这些其实不过是浮萍、水草、白蒿之类的植物，在上古时被用作蔬菜，正说明蔬菜种类匮乏。

最能说明这种情况的就是"葵"了。葵曾位居五菜之首，一度是古代中国最重要的蔬菜。《汉乐府》中有一首《长歌行》，上来就说"青青园中葵，朝露待日晞"。南北朝时期，贾思勰的《齐民要术》中还专门讲述了葵的栽培技术。但是，随着蔬菜新品种的增加，葵"五菜之首"的地位就逐渐被动摇了。到了唐朝，人们就发现葵"性太滑利，不益人"，种植面积迅速减少。等到了明朝，李时珍直接将葵降到了草部，并给出原因："今不复食之，故移入此。"意思是，明朝人已经不把葵作为蔬菜来食用了，所以才把葵当作一种草来看待。

有人可能要问了：蔬菜的新品种又是如何增加的呢？我们今天常吃的黄瓜、土豆、西红柿等蔬菜又是何时才出现在中国人的餐桌上的呢？

其实，蔬菜品种的丰富是与华夏民族疆域的拓展和对外交往的不断发展密切相关的。举例来说，西汉张骞通西域之后，西域的一些蔬菜就传到了中原地区，比如胡萝卜、黄瓜等。黄瓜刚传入中原时被称为"胡瓜"，到了唐朝才改称黄瓜。菠菜，是唐朝贞观年间从尼婆罗国（今尼泊尔）作为贡品传入引进到中国来的。土豆、辣椒、西红柿等则是明朝才被引进到中国。这几种蔬菜的原产地都是美洲新大陆，所以它们要等到哥伦布发现美洲新大陆之后才有机会进入中国。有人爱玩穿越，总想着穿越回古代去生活。那么，穿越之前请大家一定要记住，若穿越到明朝以前，那是不可能吃到西红柿炒鸡蛋的，想吃一盘炒土豆丝也是万万办不到的。

说完了蔬菜，顺便说一下水果。中国人栽培果木的历史非常早。先秦时期，中国古人就已经栽培出了桃、杏、梨、李、枣、山楂、柿子、橘柚等今天常见的果树。除了这些原产中国的果类，汉代之后，中国又引进一些新品种。比如，张骞通西域之后，原产于大宛（今乌兹别克斯坦）的葡萄被引入了中原地区。石榴原产于波斯到印度西北部一带，它沿着丝绸之路进入中国。到了明朝晚期，原产美洲的若干果类传入了中国，比如菠萝、草莓等。

想吃点肉可真难

说完了粮食和蔬菜水果，接下来说说中国古人吃肉的事。

"吃肉"在中国古代可不是一件简单的事。公元前 684 年，齐国攻打鲁国，发生了有名的长勺之战。战前，鲁国的曹刿请求面见鲁庄公献计献策。曹刿的乡邻嫌他多事，就说："肉食者谋之，又何间焉？"意思是，鲁国的这场仗如何打，这是鲁国当权者应该谋划的事，你又何必操心呢？这里的"肉食者"，指的就是当权者。

那么，为什么吃肉又和掌握权力密切地联系在一起呢？原因很简单，肉在古代是稀缺资源，平民百姓想吃肉太难了，只有掌握了权力的人才有机会经常吃肉。西周时期，《礼记·王制》规定："诸侯无故不杀牛，大夫无故不杀羊，士无故不杀犬豕。"诸侯没有足够的理由不能杀牛，大夫没有足够的理由不能杀羊，士没有足够的理由不能杀猪杀狗。无故不得屠宰牲畜，那你说肉能不稀缺吗？普通百姓又怎么可能轻而易举就能吃上肉呢？

在曹刿生活的春秋时期，按照制度规定，只有大夫以上的贵族才有资格吃肉，平民百姓是不能吃肉的。到了战国时期，孟子描述他心目中的理想社会，其中说："五亩之宅，树之以桑，五十者可以衣帛矣，鸡豚狗彘之畜，无失其时，七十者可以食肉矣。"意思是，普通农民有一个五亩地的宅院，在院子里种上桑树，养蚕织布，一家之中，五十岁以上的人就可以穿上帛做的衣服。院子里再养些鸡鸭狗猪之类的家禽，不错过时节，那么，家中七十岁以上的老人就可以吃肉了。从这段话中可以看出，即便在孟子描述的理想社会中，平民也要在七十岁以上才能吃上肉。在"仁政"之下，普通民众要吃上肉都如此之难，遑论其他？所以，古人用"肉食者"代指掌握权力的人也就不足为奇了。

　　中国古人吃肉，最初的方法是烤和煮。烤肉之前，要把大块的肉切成小块，这种切成小块的生肉叫"脍"，烤熟的肉则叫"炙"。烤肉是古人特别爱吃的美味，所以就有了"脍炙人口"这个成语。这个成语最初的意思是赞美烤肉好吃，后来比喻精彩的诗文大受欢迎。

　　古人煮肉用鼎，鼎的最初功用相当于现在人们用的火锅。可是，随着时间的推移，鼎的象征意义超过了实际功用，成为国家政权的代名词。成语"问鼎中原""定鼎天下"中，"鼎"指代的已经不再是煮肉的食器了，而是指政权。把一个食器上升到象征政权的高度，可见中国人对"吃"是多么重视！类似的情形还有"饭碗"，"饭碗"原本也是食器——指人们吃饭用的碗。不过，在中国人的语境中，说一个人"丢了饭碗"，指的不是他丢了一只碗，而是他失业

"子龙"青铜鼎
"子龙"青铜鼎是已知发现的商代最大的圆鼎，因内壁近口缘处铸有铭文"子龙"而得名。

了，失去了赖以谋生的工作；同理，中国人说"砸了某人的饭碗"，指的就是让某人失去工作。

中国人不仅重视吃，还善于从"吃"中总结出重要的思想观念。高明的厨师之所以能做出可口的饭菜，很重要的一点就是他们善于搭配酸甜苦辣咸，这叫"调和五味"。中国道家有"治大国若烹小鲜"的说法，说的是治国不能瞎折腾，政策要有稳定性和连续性。由此，吃这件事在中国产生了"溢出效应"——从满足最基本的生存需求，到影响了中国人的思维模式和思想观念。

一锅鳖汤引发的政变

几则隐藏在史书中的小故事很能说明中国人对"吃"的格外看重。

第一则故事，我们可将其称为"一锅鳖汤引发的政变"。公元前605年，楚国给郑灵公进献了一只大鳖。郑灵公决定将大鳖煮了，宴请重臣。公子宋和公子归生一起去见郑灵公。两人见面之后，公子宋的食指不由自主地颤动了一下。他就跟公子归生说，我的食指一颤动，就预示着要吃好东西。今天又颤动了，我们肯定又能吃到好东西。两人进宫去见郑灵公时，恰好看到郑灵公的厨师正在切割大鳖，两人相视而笑。郑灵公问他们为何而笑，公子归生就把事情原原本本地告诉了郑灵公。

郑灵公心想，凭什么你公子宋的食指一颤动就能吃上好东西？今天我偏不让你吃。于是就搞恶作剧，等大鳖煮熟之后，郑灵公召集重臣来赴宴，宴会之上，却唯独不给公子宋吃。公子宋很生气，"染指于鼎，尝之而出"，把手指伸到鼎里，沾了沾鳖汤，放在嘴里尝了尝就走了。郑灵公很生气，就想杀公子宋。

公子宋害怕被杀，就与公子归生谋划政变，要先动手杀掉郑灵公。公子归生说："牲畜老了，我们都不忍心杀掉，何况是国君呢？"公子宋看公子归生不肯合作，就向郑灵公诬告公子归生，说他要谋反。等公子归生和郑灵公之间的误解加深之后，公子宋和公子归生终于达成了合作。于是，这两人联手发动政变，杀掉了郑灵公。

你看，原本就是一锅鳖汤的事，结果搞得君臣反目，演变成了一场弑君的政变。这说明，吃不仅与舌尖、味蕾和肠胃相关，而且关乎人的地位和尊严。该让别人吃的时候你偏偏不让人家吃，就会严重伤害人家的自尊心，让人家怨恨你。反过来，若一个身居高位的人在吃的问题上善待下属，往往也能换来下属披肝沥胆的忠诚。孟尝君的故事就能很好地说明了这一点。

孟尝君是"战国四公子"，他的门下有很多食客。有一次，他在夜里招待食客吃饭。有一个人遮蔽了灯光，让远处的食客看不清孟尝君吃的饭菜。其中的一个食客以为孟尝君自己吃的是高档食物，而给食客们吃的是低档饭菜。于是他就生气了，"以饭不等，辍食辞去"，说孟尝君的饭菜与食客的不一样，不吃了，并要辞职（不给孟尝君当食客）。这时，孟尝君从自己的座位上站了起来，端着自己的饭菜来到这名食客面前。食客一看，孟尝君和自己吃的一样。于是，"客惭，自刭"。这个食客非常惭愧，就自杀以谢罪。这件事情发生之后，孟尝君的好名声传开了，"士以此多归孟尝君"，主动来投奔孟尝君的食客就更多了。

在中国，一起吃饭是人与人之间建立连接的一种重要手段。一顿饭，吃得愉快了，可以使主客之间的关系升温；一顿饭，吃得气氛尴尬，有时也会导致彼此关系破裂。这一点不仅体现在君臣之间、主客之间，就连夫妻之间的感情好坏，往往也体现在日常的一食一饮之间。梁鸿和孟光之间"举案齐眉"的故事就是其中一例。梁鸿是东汉时期著名的隐士。他道德高尚，娶了相貌丑陋而德行高尚的女子孟光。后来，梁鸿带着孟光从老家陕西跑到南方，借住在大户人家的廊庑之下，靠卖力气给别人舂米谋生，日子过得非常贫困。可即使如此，孟光对梁鸿依然很尊重。她每次给梁鸿端饭，都托举着盛饭菜的盘子，举到与眉毛齐平的位置，恭敬地送到梁鸿面前，而梁鸿也很有礼貌的双手接过饭菜。当地的大户皋伯通发现此事后非常惊讶，他认定，梁鸿如此贫穷还能得到妻子的尊重，一定很了不起。于是，他就请梁鸿孟光夫妇到自己的府宅居住，并提供条件，让梁鸿"潜

举案齐眉图

《举案齐眉图》来源于《后汉书·梁鸿传》："为人赁春。每归，妻为具食，不敢于鸿前仰视，举案齐眉。"（明·陈洪绶）

闭著书十余篇"。后来，"举案齐眉"一词就被用来形容模范夫妇之间的相敬如宾。

八大菜系有哪些

中国人特别重视"吃"，这种重视一代代地累积下来，就形成了中国特别发达的饮食文化。而中国发达饮食文化的明证就是"八大菜系"。

中国疆域辽阔，人口众多。不同地域的人，面对的地理环境、自然气候不同，饮食口味也随之不同。这种地域差异折射到饮食上，就形成了不同的烹饪技艺。

早在商周时期，中国的膳食文化就有了雏形。到了春秋战国时期，南方菜肴和北方菜肴的口味差异表现得愈发明显。到了南宋，南方菜肴和北方菜肴各自形成体系，"南甜北咸"的格局已然定型。发展到清朝初年，川菜、鲁菜、苏菜、粤菜，成为最有影响的地方菜，这就是当时的"四大菜系"。"四大菜系"再经过充分发展，到了清朝末年，就出现了"八大菜系"，即鲁菜、川菜、苏菜、粤菜、浙菜、闽菜、湘菜、徽菜。

区别八大菜系的核心指标是整体口味，比如，鲁菜"口味鲜咸"，川菜"口味麻辣"，苏菜"口味清淡"等。口味之外，不同菜系之间的烹饪技艺也各有特点。比如：鲁菜擅长爆、炒、烤、熘，徽菜擅长炖、蒸，粤菜擅长焗、炒、炖、蒸。

"八大菜系"交相辉映，不仅极大地满足了中国人的味蕾和肠胃需求，而且也让中国的美食文化享誉世界。不少外国人因为喜欢吃中国食物而对中国产生了兴趣，进而喜欢上了中国文化。从这个意义上讲，"舌尖上的中国"在今天已然成为中国文化的一张名片。

🐾 此身栖何处——了不起的古代建筑

形形色色的建筑是大大小小的容器，它们盛放着人的肉身，吐纳着人的悲欢，也承载着人的思想观念。

中国古代建筑是中国传统文化之树上的一个分支。它在中国历史的长河中生根、发芽，发展、壮大，它的身上也不可避免地烙下了中国文化的印痕。

中国位于亚洲的东部，东面临海，西面是高原和陆地，地形西北高，东南低。在如此广袤的疆域上，地形地貌十分多样，有平原有草原，有山脉有湖泊，有盆地有丘陵。不同的地区，气候环境迥异。中国的气候，自南向北，包括热带、亚热带、温带和亚寒带四种气候带。多样的地形地貌，不同的气候条件，是造成中国古代建筑文化博大精深的环境要素。在不同的自然环境中生活，中国古人因地制宜地创造出了不同风格的建筑。

"巢居"也有"高科技"

在旧石器时期，中国境内的原始人利用天然崖洞作为居住处所。到了新石器时期，生活在黄河中游的氏族部落进入穴居时代。著名的陕西半坡遗址就是穴居文化的代表，其建造方法是：先在黄土地上挖掘 20 平方米到 40 平方米的一个浅坑，坑的深度在 50 厘米至 80 厘米之间；然后用木桩密密地排列于四周，木桩之上，捆扎有韧性的藤蔓、枝叶，使其形成有遮风挡雨功能的"墙壁"；最后，在"墙壁"之上，覆盖枝叶、藤蔓编织出"屋顶"。

与北方的"穴居"建筑相对应，中国南方建筑在新石器时期则发展出了"巢居"文化。所谓的"巢居"，就是在大树上架巢——先在分枝开阔的大树上铺设枝干、茎叶，构建居住空间，然后再用枝干相交，构成挡雨的棚架。"巢居"建筑在浙江的河姆渡遗址中体现得非常明显。"河姆渡"人构建房屋，以桩木为基，其上架设大梁和小梁（龙骨），大梁和小梁上再铺设木板，构成基座，基座离地 0.8 米至 1 米之间。基座之上，构建居住空间。这样建成的房屋，既干爽又安全。在河姆渡遗址的建筑中，人们发现，当时的人已经使用卯榫技术了。在建筑中广泛使用卯榫技术，这是中国古

卯榫结构图

卯榫结构是我国古代木质建筑常用的结构。榫头是用竹、木、石制器物或构件上利用凹凸方式相接处凸出的部分。卯眼是其相接处凹下的部分。它的特点是在物件上不使用钉子，利用卯榫加固物件。

代建筑的一个显著特征。这项需要巧思的技术在远古时代绝对属于"高科技"。值得自豪的是，早在 7000 年前的"河姆渡时期"，中国人就已经创造性地使用卯榫技术了，这实在是建筑史上的一个奇迹。

新石器时期，中国社会的组织结构还处在部落和部落联盟阶段。到了公元前 21 世纪，大禹创建了夏朝，这是中国历史上的第一个王朝。夏商周三个王朝，是中国历史上的青铜时代。这个时期，中国人创造出了灿烂辉煌的青铜文化，建筑技术和建筑样式也获得了长足的发展。据文献记载，中国人在夏朝就开始修建城郭和宫殿。到了商朝，中国人已经掌握了成熟的夯土技术。所谓"夯土"，就是用力将泥土砸实，使之更结实。大型夯土所使用的重物，远远超过一个人的负重能力，所以必须多人合作。若要夯筑一段城墙或一座宫殿的台基，往往需要成百上千人同时劳作。因此，熟练地掌握和使用夯土技术，不仅意味着建筑技术的提升，同时也标志着中国人组织能力和劳动协作机制的一次升级。

商朝数次迁都，直到迁到殷地（今河南安阳小屯村一带）才最终安定下来。小屯村位于洹河南岸的河湾处，这里正是商朝宫殿的所在地。商朝的宫殿建在长方形的土台上，宫殿的排列有纵有横，布局已具庭院的雏形。洹河北岸还发现了商王和贵族的陵墓，墓内有数以百计的人殉，墓葬的深度 8 米到 13 米不等。殷墟考古挖掘出的商朝宫殿和墓葬，充分说明了商朝的建筑水平已经达到了相当高的程度。

周武王讨伐商纣王，灭商建周。在政权结构上，西周实行分封制，周武王把全国分成若干诸侯国，分封给亲族和功臣等，享受世代承袭。各诸侯拥有自己的军队，且有权分封卿、大夫，享有很大的自治权。但各国诸侯要按时朝贡周天子，向其汇报工作。周天子出兵平叛及讨伐夷狄时，诸侯国也有义务出兵相助。

西周分封制的本质，是以亲情为血缘纽带，以分封为政治恩惠，将周天子与各诸侯国的国君紧密地捆绑成一个权力共同体。这种制度在历史上影响深远，奠定了周天子一统天下的政治格局。

宗法格局最讲究的就是等级秩序。为了构建稳定、和谐的等级秩序，周公主持制定了"周礼"。所谓"周礼"，指的是周朝贵族所要遵循的一整套行为规范，目的是"别尊卑"。有了"礼"的规范，不同身份的人"依礼行事"，就能做到各安其位。周朝的贵族，按照公、侯、伯、子、男的级别，分别享有不同的待遇。

西周的建筑，当然也要服务于它的宗法社会，贯彻周礼"别尊卑"的观念。为了更好地控制中原地区，周公营建了东都洛邑（今河南洛阳）。除了周天子的东西两京外，周天子分封的各诸侯国，也都建有城邑。可见，西周时期的城市建设比以前更为普及。需要说明的是，西周时期建造的城市是有严格的级别限制的。周天子所在的王城当然最大，诸侯建的都城、卿在其封地所建的城、士大夫在自己封地所建的城，分别不准超过王城的 1/3、1/5 和 1/9。如果超越了，就是"僭越"，"僭越"是违背"周礼"的行为，轻则受到舆论的谴责，重则要被问罪，直至被处死。

西周文化对中国历史影响深远，其在建筑上体现等级秩序、强调尊卑贵贱的理念也为后世所继承。这是中国古代建筑的一个显著特点，即建筑的级别要与主人的身份相匹配。主人身份高贵，其建筑就高级、豪华；主人身份低微，其建筑也不能"超标"。

从技术层面来说，周朝人在建筑上已经使用瓦了。到了春秋时期，砖也应用到了建筑中。考古工作者在对秦国雍城的考古中出土了青灰色的砖和带有花纹的空心砖。砖瓦的发明，丰富了建筑材料，无疑是建筑史上的一件大事。

到了战国时期，战乱频仍，各诸侯国"筑城以卫君，造郭以守民"，纷纷扩大城市的建造规模。西周时期对诸侯国城市大小的限制已失效。随着"礼坏乐崩"的加快，各国的统治者越来越不受"周礼"的约束；随着生产力的提高和经济的发展，各国也越来越有力量建造更加宏伟的城市。所以，都城越建越大成了战国时期的一大特点。

以齐国的都城临淄为例，这座大城南北长 5 千米，东西宽约 4 千米，城内居民达 7 万户，这座大城的西南角还有小城，推测是齐国宫殿的所在地。除了规模更加宏大外，战国时期的建筑，各项配套设施也比从前更完备。考古工作者在陕西咸阳东郊发掘出了秦国的一处宫殿，这座宫殿里已经有了采暖、排水、冷藏、洗浴等设施。从出土的战国墓棺椁上，人们也发现了形式多样的榫卯，这说明战国时期的木工技术已达到很高的水平。

秦汉时期的土木工程

公元前 221 年，秦始皇统一六国。秦始皇热衷于大兴土木。据说，在灭六国的过程中，秦兵每灭一国，秦王嬴政就命人在都城仿建那一国的宫殿。统一天下后，秦始皇更是要通过修建大型宫殿和陵寝来彰显帝国气度和皇帝权威了。今天人们所熟知的秦始皇骊山陵墓、阿房宫、秦长城等，都是秦始皇大兴土木的产物。

"汉承秦制"，在建筑上也是如此。西汉王朝建立后，在都城长安建筑了兴乐宫、未央宫、长乐宫、北宫等大型宫殿。西汉宫殿建筑的特点与秦朝一脉相承，体量巨大。都城长安，占地 35 平方千米。规模宏大的城市和体量巨大的宫殿，是秦汉帝国一统天下的政治雄心与精神诉求在建筑上的具体体现。

两汉四百余年，中国建筑在此期间发展成熟。木构架结构技术日渐完善，斗栱、卯榫等技术也已成熟，木构架结构的施工技术也已达到了相当熟练的程度。

斗栱是中国传统木结构建筑中的一种支承构件，主要由斗形木块和弓形肘木纵横交错层叠构成，逐层向外挑出形成上大下小的托座。明清时期转向纤细，彩绘考究，建筑装饰作用加强。

东汉结束后，中国历史进入了魏晋南北朝时期。这是中国历史上一次民族大融合的时期。这一时期，北方的游牧民族入主中原。在建筑方面，他们一方面带有本民族的特色，另一方面也学习汉族的文化，在洛阳、邺城等地修建都城和宫殿。因此，这一时期的建筑，堪称各民族建筑文化的

一次融合。

从隋到元：古代建筑的大发展

581年，杨坚建立了隋朝，结束了长期的战乱。次年，隋文帝就主持修建了大兴城（今陕西西安）。605年，隋朝又兴建了东都洛阳。为了沟通南北，隋炀帝还下令开凿了大运河。大运河南起余杭（今杭州余杭），北到涿郡（今北京通州），全长2 700多公里。大运河修成后，自隋至清，一直是沟通南北方的交通大动脉。

唐朝建立后，在隋朝的基础上，继续扩建了首都长安和东都洛阳。经过扩建，长安城成了当时世界上最大的城市。唐都长安的宫殿建筑群，体量巨大，尺度宏伟，充分展示了大唐王朝"有容乃大"的恢宏气度。

除了宫殿建筑之外，唐朝的住宅也值得一说。大唐王朝国力强盛，民间也积累了相当的财富。在这种状况之下，民间建造了许多华美的住宅和园林。由于手工业的进步，唐朝的建筑技术有了显著提高。建筑材料方面，除了木、土、石、竹、砖、瓦之外，唐朝人在建筑中还使用了玻璃。总之，隋唐时期是中国古代建筑的成熟期。这一时期的建筑，在继承两汉的基础上，又吸收了外来的文化，形成了一个相当完整的建筑体系。

与大唐王朝推崇"有容乃大"的气度不同，宋朝理学兴盛，在思想文化上呈现出了清逸、严谨的内敛特征。这一文化观念同样表现在了宋朝的建筑上。首先，就外观而言，宋朝建筑的规模一般比唐朝小，但比唐朝建筑更为秀丽。其次，就建造技术而言，宋朝建筑构件的标准化程度比唐朝更高，建筑各工种的操作方法都有了更严格的规定。最后，就对建筑技术的总结而言，宋朝出版了建筑学的经典文献《营造法式》。《营造法式》是北宋朝廷为了管理宫室、宗庙、官署、府第等建筑工程而颁行的，书中对各种建筑的设计、结构、用料和施工都做了翔实的说明和规定，很有实用性。因此，这本书成了今人研究古代建筑的珍贵文献。

元朝是蒙古族建立的王朝，各民族有着不同的宗教和文化。这些不同民族的宗教和文化相互交流，也给建筑业的发

龙门石窟

开凿于北魏太和十八年，延续到唐代，历时400余年。此为卢舍那大佛，作于唐高宗时期。

展增添了新要素。总的来说，宗教建筑发达是元代建筑的一大特色，建有喇嘛教寺院、佛塔、伊斯兰礼拜寺。不同的宗教建筑使用不同的装饰，其壁画、雕塑也各不相同。这些新的元素与原有的建筑文化相融合，为明清时期建筑的进一步发展创造了条件。

规模宏大的明清建筑

明清时期是中国古代建筑史上的最后一个阶段。这一时期的建筑，沿着传统的道路继续发展，取得了很多的成就。

明清两朝都是大一统的王朝，体现在建筑上，就是宫殿和陵寝再次呈现出了规模宏大的特点。比如，我们今天所见的故宫，就是明清两朝的皇宫，这座皇宫占地72万平方米，宫墙之内，有大小数十个院落，9 000多间房屋，规模极其宏大。

宗法观念和等级秩序在故宫的建筑中也得到了鲜明的体现。由于太和殿、中和殿、保和殿这3大殿是宫城的主体，所以，这一组宫殿的4角都建有崇楼。太和殿是最高等级的建筑，所以采用重檐庑殿顶、3层白石台基、11间面阔。不仅如此，太和殿屋顶上的走兽和斗栱数量也是最多的，栏杆上的雕刻、彩画使用了龙、凤图案，色彩则大量使用金黄色。这些都是为突出皇权的至高无上。太和殿之外，其他建筑的屋顶和开间依次递减，装饰图案也有所不同。故宫高大的红色宫墙，屋顶黄色的琉璃瓦，则是皇家建筑专用的色彩，平民百姓断然不能"僭越"。

到了明清时期，官式建筑已经高度标准化。清朝于1723年颁布了《工程做法则例》，统一了官式建筑的模数和用料标准，简化了构造方法。

这一时期，民间建筑的类型和数量急剧增多，私家园林也有了很大的发展。今天人们被津津乐道的苏州园林就是私家园林的代表作。宫殿、园林之外，各地的民居在明清时期也发展得很成熟，比如北京的四合院、安徽的徽州民居、福建和广东的客家土楼等。总之，发展到明清阶段，中国古代建筑已经到了完备期。无论是官方建筑还是民间建筑，无论是宗教建

太和殿

太和殿是北京故宫三大殿(太和、中和、保和)中最大的一个。明朝永乐十八年(1420年)建成，起初叫奉天殿，嘉靖时改名皇极殿，清顺治二年(1645年)改名太和殿。今天所看到的太和殿为康熙三十四年(1695年)重建。

筑还是世俗建筑，在这一时期都取得了很高的成就。各类建筑在空间、造型、装饰、建材及设计施工等诸多方面都有了成熟的理念和方法。

中国古代建筑的主要特征

至此，我们沿着时间轴，简单梳理了中国古代建筑的发展历史。那么，在如此漫长的历史发展中，中国古代建筑有没有一以贯之的特点？如果有，又有哪些呢？

这个问题，站在不同的角度会给出不同的解答。在这里，我仅从结构、制度、文化三个层面稍做说明。

就结构而言，中国古代建筑最基本的特征就是木构架结构。所谓木构架结构，就是指以木材、砖瓦为主要建筑材料，以木做的柱、梁承重，整体建筑由立柱、横梁、顺檩等为主要构件，各个构件之间的结点则以榫卯相吻合，构成富有弹性的建筑框架。简而言之，就是木材在整个建筑中起着不可替代的作用。

中国古代建筑为什么要以木材作为最主要的材料呢？建

凤凰古城民居

凤凰古城建于清康熙四十三年(1704年)，东门和北门古城楼尚在。在今湖南省湘西土家族苗族自治州的西南部，占地面积约10平方千米，由苗族、汉族、土家族等28个民族组成，是典型的少数民族聚居区。城内青石板街道、江边木结构吊脚楼等建筑，全都透着古城特色。

筑学家梁思成认为，中国传统建筑以木和土为主要的建筑材料，主要是由于中国文化的发祥地黄河流域，"在古代有茂密的森林，有取之不尽的木材，而黄土的本质又是适宜于用多种方法（包括经过挖掘的天然土质的洞穴、晒坯、版筑以及后来烧制成的砖、瓦等）建造房屋"。与其他建筑材料相比，木材本身具有的弹性、韧性和温和性，也使得中国人在古代特别爱选用木材来作为建筑的主要材料。

就制度而言，中国古代建筑承载着浓重的"礼制"印痕。中国古代的制度建设，重视"礼制"，不同身份的人，衣食住行的待遇也不相同。体现在建筑上，便是追求建筑等级与主人身份的高度契合。皇帝身份最高贵，皇宫便是最高等级的建筑。皇宫的专用材料和色彩也成为特殊的文化符号，其他人不得擅自使用。即便是皇宫之内，不同的建筑也因主人不同或使用场景不同而区分出尊卑贵贱。皇宫如此，民居亦如此。以北京的四合院为例，宽敞明亮的正房一定是主人和长辈所住，厢房供晚辈居住，门房则是为看家护院的仆人所住。

就文化而言，中国古代建筑"淡于宗教与浓于伦理"，体现了中国人亲近自然、天人合一的时空意识。梁漱溟先生在《中国文化要义》中称，中国的传统文化是一种以伦理为本位的文化，其显著特征就是"敬鬼神而远之"。中国古人参加祭祀鬼神的活动，他们在祭祀时强调的是自身活动所激发出的"敬"，而非"鬼神"；他们是从抒发情感的角度出发，站在维系和确认活者之间伦理关系的立场上来看待祭祀的，而不是从信仰的立场上看待祭祀的。从伦理本位的文化视角看，我们不难发现，中国古代建筑，除了实用功能外，也有伦理教化的重要功能。大到王朝主持修建的城市、宫殿，小到平民百姓所建的民居，各类建筑的空间、造型和环境，几乎处处可见强烈的伦理色彩。

伦理本位的文化，重视和谐关系的构建。这里的关系，不仅包括人与人之间的关系，还包括人与社会、人与自然的关系。中国古代建筑，多以组群的方式展开布局，而不像西方的教堂那样建得高耸入云。中国古代建筑之所以缺乏宗教性的向上"提拉之力"，主要原因就在于中国人"远于宗教，近于伦理"的文化底色。在中国古人的心中，人生的意义是建立在现实的大地之上的，是通过人与人、人与社会、人与山河大地的伦理实践来实现的。因此，构建稳定、和谐的人间秩序就显得尤为重要。中国古代建筑的平面布局，有鲜明的"中轴"，讲究突出重点，左右对称，这恰恰是中国伦理本位文化投射到建筑上的一个明证。此外，中国古代建筑，不追求向上的"提拉之力"，而是以组群的方式，在地面上平铺展开，这有力地展示了中国人重视伦理，脚踏实地构建人间和谐秩序的文化性格和精神追求。从某种意义上讲，中国古代建筑史，堪称一部展开在东方大地上的伦理"教科书"，而其中的经典建筑，则是一个个无言的伦理学"教具"。

从前慢——古人出行与古代交通

衣食住行，是人类永恒的需求。随着时代的发展，具体到出行这件事上，古人和今人就有很大的不同。

对于习惯了坐汽车、高铁和飞机出行的人们来说，古代交通的速度实在是太慢了。他们出行，或步行，或坐马车，或骑马，但无论哪种方式，速度都无法与现在相比。今天，从北京坐高铁到杭州，只要四个多小时。同样的路程，古人坐马车，通常要走五十二天。

理解古今交通在速度上的巨大差别，是我们领会古人种种"行路难"感慨的关键，同时也是我们体悟古人特别重视别离的一大原因。古代交通，在速度上与今天有着天壤之别，在出行体验上与我们今天的旅行不可同日而语，再加上古代没有今天先进的信息技术和通信手段，所以，古人离家远行，远没有如今出行这样方便、轻松。

对今人来说，出行往往是一场"说走就走的旅行"，是"世界那么大，我想去看看"的洒脱，甚至还意味着去寻找"诗和远方"；可是，对古人来说，出行是"父母在，不远游，游必有方"，是"劝君更尽一杯酒，西出阳关无故人"，是"马上相逢无纸笔，凭君传语报平安"。古人说"生离死别"，把离别与生死放在一起，原因就在于古代交通的不便捷。

那么，中国古代的交通究竟经历了怎样的发展历程？为了方便出行，古人做过哪些方面的努力？古人出行，路上发生过怎样的有趣故事？中国古代交通的主要特点又有哪些？……这些且待我慢慢道来。

跨越千年的路是怎么"走"出来的

鲁迅先生说："地上本没有路，走的人多了，也便成了路。"此话道破了道路最初形成的过程。在原始社会，人们通过采摘野果或打猎获取食物，野果长在哪片山坡上，女人便不约而同地往那片山坡上走，走得多了，就出现了一条路；哪片的山林里野兽多，男人也不约而同地到那山林里去打猎，走得多了，便也出现了路。若用后人常用的命名方式来给最初的两条路来命名，女人多走的那条路就是采摘之路，男人多走的那条路便是打猎之路。

原始社会之后，中国历史进入了夏商周阶段。这个时期，道路已经不再是自然形成的了，而是成了王朝的基础设施之一。此时，王朝的诸侯国之间已建有交通干线。西周时期，周天子曾要求各诸侯国"列树以表道，立鄙食以守路"。这表明，当时的诸侯国不但要修路，而且还要在道路两侧种树，以起到隔离和美化的作用。在修路和种树之外，周朝还设立司空之职，负责管理水利、路政之类的事务。

在周天子的高度重视之下，西周时期的道路建设是很有成效的，《诗经·小雅》中说："周道如砥，其直如矢。"说周王朝的道路平坦得像磨刀石，笔直得如同射出去的箭。诗歌的语言难免夸张，但起码说明中国早在周朝就已经非常重视道路建设，并取得了不错的成就。

说起周朝的路政管理，不得不说一件历史趣事。公元前601年，单襄公受周定王委派，前去宋国、楚国进行外交活动。途经陈国时，他看到陈国的道路杂草丛生，国境上也没有设立专门迎送宾客的官员，路政管理很不像话。到了陈国国都，他又发现陈灵公生活作风不检点。外交活动结束后，单襄公回到京城就跟周定王预言，陈国恐怕很快就会发生内乱。果然，两年后，陈灵公就被夏姬的儿子夏徵舒射死了。从这则历史趣事中我们可以看出，在周代，诸侯国的路况和路政，可以说是政治治理的晴雨表。一个诸侯国路况良好，路政管理高效，往往就意味着这个国家政治清明、社会发展欣欣向荣；反之，若一国的道路杂草丛生，路政管理也很无序，那基本就可断定，这个国家政局堪忧、前景不妙。

中国古代道路建设第一个大发展的时期是秦朝。秦始皇统一六国之后，实行了一系列制度改革，其中就包括"车同轨"。所谓的"车同轨"，指的是规定了车辆两个轮子之间的距离。秦统一之前，各诸侯国的车轨是不统一的，车轨不统一，车道也就有宽有窄。秦统一了六国后，各地的车轨若仍不统一，实在不方便。于是，秦始皇就规定，大秦疆土之内，车轨一律为六尺，不能宽，也不能窄。

统一车轨之后，秦朝以都城咸阳为中心，建立了一个范围广大、规模空前的道路交通网。史书记载，秦始皇"为驰道于天下，东穷燕、齐，南极吴、楚，江湖之上，濒海之观毕至。道广五十步，三丈而树，厚筑其外，隐以金椎，树以青松，为驰道之丽至于此。"这说的是秦始皇修建的两条极为著名的秦驰道，一条是从咸阳出发，向东经今山东，抵达辽东；另一条则是从咸阳出发，向南直达今天的湖北、湖南、江苏、浙江等地。这两条秦驰道，道宽五十步，两边用铁椎夯实路基，每隔三丈栽青松一棵，中间三丈专供皇帝使用，两旁供百姓使用。可以说，秦始皇修建的这两条驰道，路线之长，道路之宽，建筑之坚实、华丽，绝对是空前的。

除了上面两条著名的驰道之外，秦始皇还修建了一条从咸阳至九原郡的"直道"。"直道"比"驰道"低一级，主要是为了给蒙恬率领的北征大军运送物资。这条"直道"从咸阳附近的云阳出发，向北进入鄂尔多斯草原，最后到达今内蒙古包头市西南，这里是当时秦朝的九原郡。整条道路全长900千米，一半修在平原上，一半修在山岭上。在没有现代化建筑技术的秦朝，修建这样浩大的工程，绝非易事。

到了汉朝，帝国的版图在秦朝的基础上又有所扩大。比如，汉朝在北方新开辟出了朔方郡，在东北新开辟出了乐浪郡、玄菟郡，西北打通了河西走廊，西南抵达今天的越南，东南到了今天的海南岛。随着疆域的扩展，汉代的交通网也随之升级了。

汉代交通状况最值得一说的，无疑是丝绸之路。丝绸之路的开辟，始于张骞出使西域。汉代以后，人们称今天甘肃阳关和玉门关以西的地方为西域。西汉初年，匈奴控制了从中原到西域之间的通道。

汉武帝时期，西汉王朝大举进攻匈奴。此时，汉武帝听说西域的大月氏曾受到过匈奴的侵犯，于是就想联合大月氏一块夹击匈奴。为了取得与大月氏的联系，汉武帝派遣张骞在公元前138年出使西域。

张骞率领100余人从长安出发，向西挺进，结果在途中被匈奴俘获，滞留了十年。后来，张骞他们逮着个机会逃脱了，继续向西域进发，到达了大宛。在这里，张骞了解到，大月氏已经西迁，不想再攻打匈奴了。张骞没有达到联合大月氏的目的，只得东返，返回的途中又被匈奴扣留了一年多。幸好后来赶上匈奴内部大乱，张骞趁机逃脱，回到大汉长安。张骞此次西行，获得了大量西域的信息。

后来，卫青、霍去病指挥汉军击败了匈奴，控制了河西走廊地区。公元前121年，汉武帝在河西走廊上设立酒泉郡、武威郡；公元前111年又设立张掖郡和敦煌郡，这就是有名的河西四郡。设立河西四郡后，中原和西域之间的往来就更方便了。汉朝的使者、商人不断西行，西域的使者、商人也纷纷东来。沿着河西走廊，中原的物资（如丝绸）远销到西亚和欧洲，而西域的物资也通过这条商路卖到了中原地区。我们今天常吃的葡萄、石榴、香菜、芹菜、黄瓜等，就是在汉代通过这条通道被引进到中国的，这条通道，就是著名的丝绸之路。

西汉末年，王莽篡权，中原王朝陷入战乱之中，"丝绸之路"也随之断绝。直到光武帝刘秀建立东汉之后，东汉王朝才与西域各国再次通使。公元73年，汉明帝刘庄派窦固率军北击匈奴，夺取了伊吾（今新疆哈

密）。接着，班超出使西域，使鄯善、于阗等西域小国归顺了东汉朝廷。至此，东汉王朝才再次控制了丝绸之路。

到了三国两晋南北朝时期，中原地区再次陷入分裂与战乱之中，道路遭到了严重的破坏。政权林立之下，交通网络常常被切断，秦汉时期原本完整的道路系统变得支离破碎。特别是西晋灭亡之后，晋室南迁，丝绸之路完全荒废。

隋唐时期，中国再次实现了大一统，交通状态也迎来了大发展。隋唐之际，疆域辽阔，与之相应，交通干线的长度也远超秦汉，达到了一个新的高度。有学者测算，唐代东西方向上的交通干线在 4 500 千米以上，南北方向上的交通干线则在 5 000 千米以上。

这一时期，朝廷不但重新控制了丝绸之路，而且还开凿了大运河。中国历史发展到隋朝，南北方的政治、经济、文化已经日益熔铸为一体，南北之间的经济交流和人员流动越来越频繁。此时修建沟通南北水道的大运河，已成为社会经济交流的一种需要了。

隋炀帝于 605 年下令修阳渠故道、汴渠故道为通济渠，同年修东汉陈登所开的邗沟直道；608 年又征发河北民工

运河

京杭大运河,也称为大运河,是中国古代水利工程。北起涿郡,南至余杭,途经今北京、天津、河北、山东、江苏、浙江。2014年被列入《世界遗产名录》。

百万人疏浚汉代屯氏河、大河故渎与曹操所开白沟为永济渠;610年,又疏浚春秋吴运河、秦丹徒水道、南朝运河为江南河。如此一来,整个隋朝大运河以会稽、洛阳、涿郡为三个支点,分江南河、邗沟、通济渠、永济渠四段,连接钱塘江、长江、淮河、黄河、海河五大水系,从南方的余杭一直到达北方的涿郡,南北蜿蜒长达2 000多千米,是中国古代南北交通的大动脉,堪称漕运史上的奇迹。

大运河的开通,促进了运河两岸城市的发展,江都、余杭、涿郡等城市很快繁荣起来。大运河把长江流域、黄河流域和北方的长城沿线连成一体,使隋帝国能够以南方的粮食和其他物资供应政治中心长安、洛阳,并为北方边境提供战略后勤保障。这无疑有利于朝廷整合南北方资源,构建一个更有深度也更有活力的政治、经济和社会生活共同体。

宋辽金时期,广袤的中华大地出现了几个并存的政权,这种列国体系使道路交通状况再次滑坡。受到辽、金的紧逼,宋朝的交通范围大大缩减。北京、大同被辽夺走,西南失去了云南；河西走廊和西域为西夏、回鹘所控制。好在宋朝商业发达，经济繁荣。活跃的商贸活动刺激了宋朝的道路交通，让宋朝在道路密度、驿站建设等方面取得了一定的成就。

元明清时期，中国交通最主要的成就是海运的兴起。从秦汉时期开始，我国就通过海运与日本、朝鲜、西欧等地进行交流往来。在漫长的历史阶段，所谓的"海运"，指的多是国际交往。到元代，情况改变了。原因就在于，元代之前的中国，都城大都建在长安、洛阳、开封这一类地理位置居中的城市。首都位置居中，意味着物资供给靠内河漕运基本就能解决。可是，元明清三个朝代不同，这三个王朝的都城都建在了北京。北京与江南相隔遥远，物资供给全然依靠京杭大运河来解决有时就显得捉襟见肘。大运河跨越的南北纬度太大，黄河、淮河、长江三大水系的涨水期和枯水期并不同步，这大大增加了漕运的难度和成本。再加上黄河还屡屡发生水灾，甚至还一度改道。各种因素综合在一起，就倒逼元朝的统治者开辟海运之路。

元代的海运之路正式开始于 1283 年，由当时的丞相伯颜上奏请求开通。这条海运之路最初只有一条，就是从崇明岛下海，取海路北上，直抵天津和北京。随后，这条海路就成了元朝将南方粮食运往北方的重要通道。到明朝永乐年间，又开辟出了一条新的海路：从淮安下海，直抵天津。这条新的海路，比元朝的海路更安全、更方便。随后，海路越来越多。清朝维持了明朝的海运路线，只是海上运输的货物数量更加巨大。

人们出门远行，要吃饭，要住宿，有时还要给亲人报个平安。今天，每个城市都有旅馆，交通主干线上还建有服务区。在古代，承担这些功能的机构就是驿站。驿站，其实就是古代的集旅馆、邮局和服务区功能为一体的机构，它的功能就是为行人提供住宿、饮食服务，此外还要为官府传递文书、信函。

早在周朝，中国就已经建立了驿站制度。《周礼》记载："凡国野之道，十里有庐，庐有饮食；三十里有宿，宿有路室。"这里所说的

崤函古道石壕段遗址

位于古代"丝绸之路"的东端,在洛阳与长安之间的两京官道上。2014年,丝绸之路入选《世界遗产名录》,崤函古道是其唯一道路遗产。

"庐""宿",指的就是驿站。驿站的级别和称呼极为复杂,不同时代有不同的叫法,同一时代也有不同设置。比如:秦汉时期,每十里设一亭;唐代每三十里设一驿;宋代每二十里置一歇马亭。"亭""驿"都是驿站的一种。此外,驿站的称谓还有邮、塘、台、所等。

梳理完中国古代交通的历史脉络之后,我们再来了解一下中国古代道路的四种形式,它们分别是陆路、水路、海路和栈道。陆路,指的是在陆地上修建的道路,前文提到的秦驰道、秦直道、陆上丝绸之路等,这些都是著名的陆路。水路,指的是内河漕运。比如,前秦时期著名的鸿沟和邗沟;秦汉时期有名的灵渠、渭渠、阳渠、汴渠;隋唐时期的广通渠、通济渠、永济渠。当然,中国最有名的水路,就是贯通南北的京杭大运河。海路指的是通过海上航行来运送物资和人员的线路。栈道是古人在山岭的峭壁上修建的一种道路,其修建过程一般是这样的:先在石壁上凿孔,插上木棒。以木棒为支撑,上面铺木板,形成一个以山体为依托、悬在空中的通道。中国历史上著名的栈道有褒斜栈道、子午栈道、金牛道等。李白写诗《蜀道难》,其中有"天梯石栈相钩连"之语，说的就是从陕西进入四川所要经过的褒斜栈道的险要之势。陕西与四川之间，有秦岭相隔，无平坦的道路可走，要翻越秦岭，就只能修建栈道，所以自古就有"蜀道难"之说。

说起栈道，很多人都会想起"明修栈道，暗度陈仓"的典故。这个典故说的是楚汉相争时的一段历史趣事。鸿门宴之后，项羽主持天下大局，自封西楚霸王，但却没有把最先入关的刘邦分封为秦王，而是封为汉王，让他统治巴蜀和汉中。刘邦心底一百个不乐意，但为了麻痹项羽，他率军离开关中时，还是采纳了张良的计策，下令烧毁了栈道，以表示安心待在秦岭以南，不会再出来与项羽争夺天下了。等刘邦积蓄了力量、再次出兵之时，他先派一支部队去修复褒斜栈道，以迷惑对手，暗中却率领主力军队从陈仓道出兵，一举击败了守卫秦国故地的章邯、司马欣和董翳的军队，收复了关中。后来，"明修栈道，暗度陈仓"成了三十六计之一，比喻表面上做假动作迷惑敌人，暗中却从另一方向发起真正的进攻。从楚汉相争这段故事中可以看出，刘邦无论是烧毁栈道还是修建栈道，目的都是迷惑敌人，以争取自己在政治上和军事上的胜利。

刘邦对待栈道的态度，很好地说明了中国古代交通的一个重要特点，即中国古代的交通具有强烈的政治色彩。在战争时期，为了赢得战争胜利，统治者可以不惜一切代价修建道路；同样，为了赢得战争胜利，统治者也可以破坏道路。很多陆路的修建和水路的开凿也与帝王密不可分。秦驰道、秦直道就都是在秦始皇的授意下修建的，大运河则是隋炀帝主持开凿的。帝国的政治中心是首都，那么，历朝历代的交通网，在结构上也就以首都为中心，向外辐射。

不是被贬，就是在被贬的路上

中国古代道路交通，是中国古代社会实现有效治理的一项基础性建设。在漫长的历史发展中，道路不仅承担了运送物资和人员的功能，还承载了中国古人太多的情感体验。在某种意义上讲，行路已经成为中国传统文化中一个不可或缺的语码。中国古人的一次次出发与抵达，他们与亲友的一次次相聚与离别，他们在路上所经历的种种艰辛与欢愉，通过诗文、笔记记录了下来。这些与行路有关的经典文献，凝聚着中国古人的成与败、血与泪、歌与哭，这些故事，千载之后，读来依然令人动容。

在这里，我只选两则路上的故事讲给大家听。第一则是唐朝大文豪韩愈的故事。819 年，韩愈因激烈批评唐宪宗供奉佛骨，被贬为潮州刺史。唐宪宗盛怒之下，命韩愈"即刻上道，不容停留"。唐代的潮州，是有名的烟瘴之地，属于偏远、落后地区。韩愈来不及与京师的朋友辞行就上路了。随着一步步地远离京城，韩愈的心情也越发悲凉。走到蓝关时，他想到自己有可能死在潮州了，就给自己的侄孙韩湘写了一首诗，诗名为《左迁至蓝关示侄孙湘》——

一封朝奏九重天，夕贬潮阳路八千。

欲为圣明除弊事，肯将衰朽惜残年。

云横秦岭家何在？雪拥蓝关马不前。

知汝远来应有意，好收吾骨瘴江边。

在这首诗中，韩愈说，自己本来在京城好好地做官，因为一道批评皇帝的奏折就被贬到了偏远、落后的潮州。我写奏折，本来是想劝谏皇帝革除弊事（指供奉佛骨耗费钱财之事），可是没想到，自己的忠心非但没能让皇帝革除弊事，而且还把自己衰朽的晚年给搭进去了。乌云横亘在秦岭之上，我的家在哪里呢？大雪纷飞的严寒之下，还要匆匆赶路，走到了蓝关附近，我骑的马都不愿意前行了。我知道你对我情谊深重，大老远地赶来送别。日后，我若死在了烟瘴之地潮州，就委托你给我收尸吧。

韩愈因忠心进谏而被贬潮州，本来已经够悲惨的了，但这还不算完。韩愈离京后，政敌继续迫害韩愈，他们将韩愈的家眷也斥逐了京城。严寒的正月，在别人还过年的时候，韩愈的夫人只好带着儿女离京，另寻去处。韩愈年仅12岁的女儿本来就已生病，离开京城后得不到及时医治，冻饿之下，死在了商州南边的一个驿站——层峰驿。

第二年年底后，韩愈重获重用，返回京城。在路过层峰驿时，他想起了死去的女儿，写诗悼念，其中的两句是："致汝无辜由我罪，百年惭痛泪阑干。"意思是，你小小年纪，没有任何过错，可是却因我的罪过而早早夭折了。想到这些，我终生惭愧心痛，老泪纵横。

如果说韩愈被贬潮州是十足的悲剧，由此引发的路上故事也充满悲情的话，那么，宇文柔奴的故事则诠释了中国女性不离不弃的温情与不惧艰苦的淡定。宇文柔奴何许人也？她是苏轼好友王定国的侍妾。1079年，苏轼遭遇"乌台诗案"，被捕入狱。他的好友王定国也受到了牵连，被贬宾州（今广西宾阳）。

韩愈雕像

韩愈，字退之，河南河阳（今河南孟州南）人，世称韩昌黎。唐朝中期的文学家、哲学家。

王定国家中原有许多歌女，此时见王定国被贬，纷纷散去。此时，只有宇文柔奴愿意陪伴王定国去宾州。就这样，1079—1083年，宇文柔奴与王定国相依相伴，度过了在宾州的艰苦岁月。

后来，长期被贬在外的苏轼回到京城汴梁，王定国和宇文柔奴也回到了京城。劫后重逢，苏轼与王定国相聚宴饮。席间，宇文柔奴为苏轼敬酒。苏轼为她写下了一首著名的词《定风波·南海归赠王定国侍人寓娘》——

常羡人间琢玉郎，天应乞与点酥娘。尽道清歌传皓齿，风起，雪飞炎海变清凉。

万里归来颜愈少，微笑，笑时犹带岭梅香。试问岭南应不好，却道：此心安处是吾乡。

这首词的上阕夸奖宇文柔奴人长得美，歌唱得棒。大意是，我经常羡慕好友王定国，他长得太帅了，堪称用美玉雕琢出来的男子，更关键的是，上天还眷顾他，让他有佳人宇文柔奴的陪伴。这位美娇娘轻启皓齿，就能唱出人人称道的美妙歌声。歌声魔力十足，随风传到人们的耳朵里，就如同雪片飞过炎热的夏日，让人感到无限清凉。

这首词的下阕说，宇文柔奴不但人美，而且心灵更美。苏轼说，宇文柔奴虽然跟着王定国到了宾州，经历了那么多苦难，但从偏远的地方归来，容颜非但没变老，反而越发年轻漂亮了。宇文柔奴面带微笑，微笑之中似还带着岭南梅花的芳香。我在酒席上试着询问：岭南偏僻，在那里生活很艰难吧？宇文柔奴却回答：岭南也好，京城也罢，在任何地方我都能心安，心安了，到处都是我的故乡。

苏轼词中的这句"此心安处是吾乡"极其有名，被无数后人引用。可是，很多人并不知道，这首词竟是苏轼为一位名为宇文柔奴的美丽女性所写，而触发苏轼写这首词的机缘则是宇文柔奴陪着王定国一起度过了艰难的贬谪岁月。我想，苏轼在写这首词的时候，也一定会想到自己所经历的贬谪遭遇，也一定会想起陪着自己奔波在贬谪路上的侍妾朝云。甚或可以说，正因为苏轼与好友王定国的人生遭遇高度相似，而朝云和宇文柔奴两位女性也都以一种不离不弃的温情和坚韧来陪伴自己的男人，所以，苏轼的这首词才写得格外动情，成了千古名作。

从上面的两则路上的故事可以看出：行路，绝不只是简单的从此处到彼处。路上，发生过太多的故事。行路，承载了中国古人太多的情感。最终，"行"溢出了交通的范畴，直接影响到了中国人的道德情感与思想观念。这一点，我们可以从诸多与出行有关的成语、警句中得到印证。比如"读万卷书，行万里路"，比如"知行合一"，比如"千里之行，始于足下"。在这些句子中，"行"已不是指出行本身，而是有了"执行""实践"之意。

瓷器之国——我们的名字叫 "China"

我坐在我的陶轮旁。

把泥球丢进陶轮中心，沾湿手开始拉坯，现在我要做一只瓷罐。右手手掌护着泥球的外缘，左手三个手指伸到泥球中心用力撑住。罐壁竖了起来，罐体成型，好似呼出一口气，在说着什么。这一刻，我既在此间也在别处。完全在别处。因为瓷泥既存在于当下，又穿越历史而来。我的工作室在南伦敦南环路边上的图尔斯山，在一溜鸡肉外卖店和彩票投注店后面，左右是几家室内装潢店和厨房细木工作坊，而当我在做这只罐子的时候，我同时身在中国。瓷器就是中国。瓷器就是前往中国的路。

上面这段文字出自《白瓷之路——穿越东西方的朝圣之旅》一书，作者是埃德蒙·德瓦尔。他 1964 年出生于英国诺丁汉，在剑桥大学读书期间主修文学。后来，他对陶瓷产生了浓厚的兴趣，竟然成了世界级的陶瓷艺术家。

他同时还是一位作家，他写的《琥珀眼睛的兔子》一书曾登上《星期日泰晤士报》畅销书榜第一名，《纽约客》杂志载文赞誉他是"最擅长说器物故事的大师"。《白瓷之路——穿越东西方的朝圣之旅》一书很能体现他陶瓷艺术家和作家的双重身份——他通过寻访瓷器圣地，向人们展示了一部精彩纷呈的中西文明交流史。

陶瓷，从技术发展成艺术，再发展成串联东西方文化交流的重要符号，这其中确实有诸多值得言说的故事。

陶瓷是由黏土、石英等原料经过混合、成型、干燥、高温烧制而成。现代陶瓷的定义已经扩展为由天然或人工合成的无机非金属材料加工制造而成的制品，已广泛应用于日常、信息、能源、生物医学、环境、国防、空间技术等。

"窑烧"里千年的秘密

首先要说的是技术升级的故事。一项技术的充分发展往往会催生出另一项技术。中国的制瓷技术就是在制陶技术的基础上发展出来的，这种状况，恰似生物界的蛹蜕变为蝶。

早在原始社会，人类就开始烧制陶器。过程大致是这样的：人们在玩泥巴的时候发现，黏土经水调和后可以塑造成各种容器。这些容器晒干后变硬，可以装一些固体物质，比如粮食。

偶然的机会，人们捏出的这些容器被火烧了。这个时

窑炉

窑炉是用耐火材料砌成的热工设备，常常用作冶炼、焙烧、烧结、熔化、加热原料。有熔炼炉、熔化炉、烧结炉、加热炉、热处理炉等。

候，奇迹出现了。人们发现烧过之后的容器不但硬度增加了，而且这些容器经水浸泡也不会再变形、渗漏了。这个时刻，陶器便产生了。

中国是最早发明陶器的国家之一。考古证明，早在一万多年前，中国的先民就已经开始烧制陶器了。人们在不断烧制陶器的过程中，技术一步步地提高。

最开始，人们是在地面露天烧制——在地面堆上木柴，把晒干的陶坯摆在木柴之上，然后点火烧制。这种方法非常简便，但烧制的温度不高，陶器的各个部分也受热不均。

后来，人们就发明了窑烧：选择适宜的地形，掘地成窑，把陶器放在窑里。燃料放在窑底，点燃后，火焰由四周的火道进入窑室。如此一来，人类烧陶的技术就提高了一步。

随后人们又发现，如果改进窑室的形状，建造有烟囱的窑炉，则窑内的温度还可继续提高。人们不断改进窑炉，不断提高烧陶的温度，当烧陶的窑炉温度超过1 200℃时，陶器变成瓷器的时刻也就到来了。

这样的时刻出现在商朝早期，当时，人们在烧制白陶和印纹硬陶器的过程中烧制出了原始瓷器。由于原始瓷器多呈青绿色、青黄色或豆绿色，所以现在的人们将其称为"原始青瓷"。

"原始青瓷"是由陶器发展到的瓷器阶段的一个过渡阶段。经过长时间的技术改进，到了东汉时期，中国人终于完成了决定性的一跃，烧制出了成熟的瓷器。

说到这里，我们就得谈一下瓷器和陶器的区别了。虽说制瓷技术是在烧陶技术的基础上发展出来的，但瓷器和陶器还是有着本质区别的。

核心的区别有三点：一是原材料的选择，烧制陶器使用的原材料可以是各种黏土，而烧瓷则必须使用富含石英、绢云母等矿物质的瓷石、瓷土或高岭土。二是烧成温度，陶器的烧成温度比较低，多在700℃—1 000℃之间，胎体基本烧结，不再遇水分解即可。瓷器的烧成温度比较高，至少在1 100℃以上。陶器没有瓷化，吸水率较高，敲击之后，发出的声音比较沉闷。瓷器的胎体已经瓷化，不吸水分，敲击之后，发出的声音比较清脆。三是有无胎釉，瓷器有胎釉，而陶器没有胎釉。

按照上述标准，专家认定，中国的成熟瓷器最早出现在浙江绍兴上虞一带的越窑，时间是东汉。这一时期，越窑烧制的青釉瓷器，完全符合瓷器的检测标准。这标志着中国人完成了从原始青瓷到成熟瓷器的跨越。

瓷器的发明是中国人对世界文明所做出的一大贡献。原因在于，陶器在世界各个古代文明中心都出现过，虽然时间有先有后，样式和风格各有不同。可是瓷器就不一样了，能够在制陶技术的基础上发明制瓷的，只有中国人。对于这种现象，汪庆正有一句话概括得非常到位："陶器为人类所共有，瓷器则是中国的创造。"

烧制出成熟的瓷器之后，中国人的制瓷技术不断进步，自东汉，历经三国、两晋、南北朝，中国的制瓷技艺日臻成熟。而且，烧造瓷器的地区也不断从浙江向外扩展，江苏、安徽、江西、湖南、四川、福建、广东等地相继有了烧制青釉瓷器的磁窑。

中国北方烧制瓷器的历史晚于南方，但是中国北方的窑场在烧制青釉瓷器的基础上，在南北朝时期烧制出了白瓷。从青釉瓷到白瓷，是烧制瓷器技术的又一次升级。青釉瓷和白瓷的根本区别在于含铁量不同。白瓷的胎与釉中含铁量显著减少，这意味着人们掌握了原料成分与瓷器呈色之间的规律。

从"技术"到"艺术"

讲完技术升级的故事，接下来要说的是瓷器从技术到艺术的跨越。

白瓷自南北朝时期开始烧造，到隋唐时期进入成熟时期。唐朝白瓷以河北的邢窑最为著名。邢窑最初也是烧造青瓷的，后来慢慢过渡到烧造白瓷。到了唐朝，邢窑则成了白瓷的主要产地。我国陶瓷史上所谓的"南青北白"的格局也正是在唐朝时形成的。对此，唐朝茶圣陆羽在《茶经》中说，"邢瓷类银，越瓷类玉""邢瓷类雪，越瓷类冰"，这是陆羽对邢、越二窑生产成就的高度概括。北方白瓷的烧造，是制瓷技术的新创举，我国因此成了世界上最早拥有白瓷的国家。

宋朝结束五代十国的分裂局面，社会重新稳定下来。随着经济的发展，社会对瓷器的需要量迅速增加，瓷器的制作技术也有了新的发展。这一时期，中国的瓷器生产有了官窑和民窑的区分。皇室需要的高级瓷器，由官办瓷窑烧制。官办瓷窑严格按照宫廷设计的式样进行生产，造型多仿古，在工艺上精益求精，在经济上不惜工本。可是，官窑烧制出的瓷器仅供皇室使用，严禁平民使用。如此一来，普通百姓需要的瓷器就只能由民间瓷窑生产。

最初，官窑生产出来的瓷器都是出类拔萃的精品，可是，宫廷对瓷器需求毕竟有限，宫廷没有订单的时候，官窑只好停止生产。这种时烧时废的状况限制了官窑的发展速度。与之相比，民间窑场因为有极大的市场需求，反而发展迅速。民窑产生的瓷器只要销路好，就有巨大的经济利益，这种市场竞争机制促使各个窑场争相烧制。而且，一

白瓷七星盘

白瓷七星盘为唐代的文物。这种样式的饮具在唐代非常流行。

窑创新，各窑模仿，在竞争中，烧制技艺和装饰水准均不断提高。

宋朝是青瓷发展的一个独特时期。宋朝儒雅的社会文化氛围、低调内敛的审美追求、精湛纯熟的制瓷技艺，这些因素结合在一起，使得宋朝的青瓷制品达到了前所未有的高度。宋朝生产青瓷著名的窑场有汝窑、官窑、钧窑、龙泉窑等。它们各具风格，共同创造了青瓷艺术的高峰。

宋朝的白瓷生产则以定窑最为著名，定窑烧制的瓷器，

技术纯熟，造型典雅，装饰精致，揭开了北方瓷器发展的新篇章，也引发南方白瓷的蓬勃发展。宋朝南方白瓷生产典型代表就是景德镇生产的白瓷。景德镇白瓷在宋朝的异军突起，开拓了中国瓷器发展的新天地。

到了元代，景德镇的制瓷技艺日臻成熟。这时，优质的白瓷也给彩绘艺术提供了新的载体。元代著名的釉下彩绘装饰有青花与釉里红，它们创造出了许多优秀的作品。到了明清两代，景德镇成为中国瓷器生产的中心，传统的制瓷技艺更加规范。釉下彩绘装饰发展的同时，釉上彩绘装饰也在创新中得到发展。明代的五彩装饰颜色鲜明，感染极强。清代的古彩装饰刚劲挺秀，粉彩装饰色彩柔和，珐琅彩装饰富丽典雅。

一句话概括，中国人不仅发明了瓷器，而且在不断发展和提高制瓷技术的同时，创造出了丰富多彩的瓷器造型艺术和装饰艺术。

"瓷器"与"中国"

当然，我们也不能不说瓷器在中西方文化交流中所扮演的重要角色。

从唐代开始，中国瓷器就远销海外。最先销售的是周边国家，如朝鲜、日本、越南、马来西亚、菲律宾、印度尼西亚、泰国、印度、伊朗、伊拉克、埃及等。到了16世纪，中国的瓷器由葡萄牙人和西班牙人销售到了欧洲。到了17世纪，荷兰取代葡萄牙和西班牙，垄断了海上贸易，中国瓷器也通过荷兰人之手销售到欧洲。18世纪之后，欧洲各国则直接来中国进行瓷器交易。

随着中国瓷器的输出，制瓷技术也传播到了世界各地，最早向中国学习制瓷技术的是高丽。10世纪初，高丽人学会了烧制瓷器。随后，日本、埃及也学会了烧制瓷器的技术。最先学会中国制瓷技术的欧洲国家是意大利，时间是1470年。德国则在1709年学会了中国的制瓷技术。随后，法国、英国、荷兰、美国等国也先后学会了中国的制瓷技术。

谈及瓷器在东西方交往中的作用，还有一件趣事值得一说。1972年，美国总统尼克松访华，在如此重要的外交场合，尼克松赠送的礼物中有一件是精心挑选的——瓷塑天鹅。瓷器在当时成了中美两国传递善意的媒介，它的文化符号功能再次彰显无疑。

中国人最早发明了制瓷技术，中国的瓷器文化丰富多彩，中国自唐代以来就与外国进行大规模的瓷器贸易。所以，在很多外国人看来，瓷器简直就是中国的代名词。在英语和阿拉伯语中，"瓷器"和"中国"是同一个词。仅从这一点，我们就可看出中国瓷器对世界影响之深远。

吃茶去——茶树"驯化"与茶文化

"开门七件事，柴米油盐酱醋茶。"这句谚语说的是，柴、米、油、盐、酱、醋、茶是中国百姓日常生活的必需品，非常重要。我们今天就说一说茶。

茶是全球最著名的三大饮料之一（另外两种是咖啡和可可），据统计，全球饮茶的人口高达 50 亿。

古人对茶树的"驯化"

中国是茶叶的原产地，也一度是茶叶最大的生产国。茶在古代也称为"荼""茗"，《尔雅·释木》说："槚，苦荼。"这里的"槚"就是茶树，郭璞在注解中说："树小似栀子，冬生，叶煮作羹饮。今呼早采者为荼，晚取者为茗。"也就是说，这是一种长得像栀子的树，它冬天生叶，叶子可"煮作羹饮"。这些特征放在一起，则可认定，"槚"就是我们今天所说的茶树。

那么，中国是从什么时候开始栽培茶树的呢？对此，史料上没有确切的记载。我们只能通过间接记载来推测，据东晋常璩《华阳国志·巴志》记载，早在周武王讨伐商纣王的时候，巴蜀地区所产的茶便被列为贡品。这说明至迟到商周之际，中国人就已经开始人工栽培茶树了。

茶叶

茶叶是茶树新鲜的嫩叶芽经过加工的干燥制品。它始于中国。

对植物而言，人工栽培和原始野生是两种截然不同的生长方式。对此，我们不妨稍做解释。人工栽培在今天是一项非常专业的技术，不同的植物有不同的栽培技术。可就本质而言，人工栽培可以说是人类对野生植物的一种驯化过程，人们种下许多种子，精心护理，收获，选出最好的后代，再种下它们的种子。经过一代代的培育，人工栽培的植物就会与野生植物出现很大的不同。举例来说，经过人工栽培的豌豆，其豆粒要比野生豌豆大得多（一般而言，人工栽培的豌豆粒会比野生豌豆粒大十倍）；人工栽培的苹果也一样，它的直径一般是野生苹果直径的三倍。此外，人工栽培还可以对植物的特点进行更加定向的"选择"。比如：人类选择栽培生菜，则取其茂盛的叶子，而舍其种子和果实；选择栽培小麦，则取其种子，而舍其叶子；选择栽培南瓜，则取其果实，而舍其叶子。如此一来，通过人工栽培，人们就可有意识地让植物向着人类希望的方向发生遗传变化。

回过头来，我们再说中国人的茶树栽培。中国人至迟在商周之际就开始栽培茶树，这就意味着中国人从那时起就意识到了茶树叶子的价值，并通过栽种茶树，使茶叶向着品质更高的方向进化。

到了西汉时期，中国已经出现了专门的茶叶市场，饮茶风气形成了。到了东汉时期，华佗在《食论》中说："苦茶久食，益意思。"这是对饮茶作用的一种理论总结，说茶无毒，可"久食"，而且还有镇定安神的好处（即华佗所说的"益意思"）。

到了唐朝，中国的茶文化、茶叶贸易均达到了一个新的阶段。这一阶段对茶文化做出突出贡献的人物首推陆羽。陆羽写出《茶经》一书，详细记述了有关茶叶的生产、加工、烹煮、饮用及茶具的各种知识和文化典故。这本书内容丰富，条理清晰，既对此前的茶文化进行了系统的总结，又向社会普及了茶文化，可以说是中国茶文化发展史上的里程碑。对此，宋代的文学家梅尧臣说："自从陆羽生人间，人间相学事春茶。"因为《茶经》的巨大影响，陆羽被后人誉为茶圣。

随着饮茶风气的日盛一日，唐代的茶树栽培技术也有了进一步的发展。唐末五代年间的韩鄂编撰了一部《四时纂要》，里面详细记载了茶树栽培过程中的挖坑、施肥、播种、覆土等工序。据说，用这种栽培方法（直栽法）种出的茶树，三年后即可采摘。在今天，茶树从种植到采摘，大概也需要三年的时间。从这里可以看出，唐朝时期的茶树栽培技术已经发展到了一个相当高的水平了。

陆羽雕像

陆羽，唐代学者，他对茶有精深研究，撰有《茶经》。全书共3卷，书中论述了茶的性状、品质、产地、采制、烹饮方法及用具等，是中国第一部关于茶的专门著作。陆羽因此被尊为"茶圣"。

茶是怎么从羹汤变成饮料的

中国大规模的茶叶贸易也自唐朝开始。在唐朝，边疆地区的游牧民族纷纷与中原地区进行茶马互市——游牧民族向中原出售马匹，中原则向游牧民族出售茶叶。在唐朝，中国的茶叶还远销日本和朝鲜半岛。相应的，中国的茶叶栽培技术也传到了日本和朝鲜半岛。

这里需要说明一点，中国人喝茶的方法并非一成不变，而是经历了一个不断提升的过程，这个过程分为三个阶段。

第一个阶段是粥茶法。这一阶段，中国人煮茶就跟煮菜汤差不多：把茶叶与姜、枣、橘皮等调味品放在一起煮。用这种方法煮出来的茶，其味道肯定与我们今天喝的茶大不相同。粥茶法一直延续到唐朝。

第二个阶段是末茶法。就是把茶叶碾成粉末，用粉末泡茶。很多人认为，陆羽的《茶经》就是粥茶法与末茶法的分界线。从唐代到元代，人们大多用末茶法喝茶。

第三个阶段是散茶法。到了元代后期，人们开始将茶叶直接放在壶中或碗中沏着喝，不加香料，也不再压饼、碾末，这样的喝法能更好地保持茶叶的原味，显然要比粥茶法和末茶法更先进。到了明朝，散茶法完全取代了末茶法。

今天，人们无论喝的是绿茶、红茶，还是花茶、乌龙茶，用的统统都是散茶法。可以说，自西汉到今天，中国人一直都在喝茶，但喝法却不一样。随着茶文化的不断发展，人们喝茶的方法也越来越讲究，越来越科学。

中国的茶叶贸易自唐朝起就不断影响世界，其影响不仅限于亚洲。到了近代，就连远在欧洲的英国人也深深地爱上了中国茶叶。英国人饮茶的风尚源于17世纪中期。1662年，葡萄牙的凯瑟琳公主嫁给了英国国王查理二世，成为皇后。这位凯瑟琳公主在葡萄牙的时候就喜欢喝中国茶，她的嫁妆中就有几箱"正山小种"。她成为英国皇后之后，经常邀请朋友喝中国茶。在她的影响和推动下，英国人很快就爱上了饮茶。英国本土不产茶叶，所以他们喝茶就要到中国来进口。1669年，在凯瑟琳公主的推动下，东印度公司第一次从中国福建买了143磅茶叶，运回英国。这是中国与英国的第一笔茶叶贸易。随着越来越多的英国人加入喝茶的队伍之中，英国从中国购买的茶叶也越来越多。到18世纪，英国已成为世界上人均茶叶消费量最大的国家。

英国大量地从中国进口茶叶，使得他们与中国的贸易出现了巨额的逆差。为了扭转贸易逆差，英国下属的东印度公司就开始动脑筋——他们要盗取中国的茶种，自己种植茶叶。他们派了一个叫罗伯特·福钧的植物学家，以考察植物的名义到中国盗取茶种，经过曲折的经历，他终于成功地在江西武夷山盗取了大红袍茶种。

盗取了中国茶种之后，东印度公司将茶树种植到了当时尚属英国殖民地的印度和斯里兰卡。也就是从那时起，印度和斯里兰卡开始种植茶叶。到今天，茶叶已是印度和斯里兰卡重要的出口创汇产品了。

中国的茶树栽培技术，从最开始局限于中国的巴蜀地区，到如今已经传播到了世界各地；中国茶叶，从最初作为中国人的"羹汤"，到如今已经成为全球最著名的三大饮料之一。这中间经历的是数千年的时光变迁。数千年的时光中，围绕茶叶，不知发生了多少故事；数千年中，有过多少种茶的人、喝茶的人、卖茶的人、买茶的人、盗茶的人？如今，许多与茶有关的人和事都已退场了。只有一杯热茶，还在散发着淡淡的却又氤氲迷人的幽香。

——吃茶去！

"竹子文明"——中国的君子象征

竹子造弹弓，打猎很轻松

有些科技发明是"无中生有"，即发明家凭着自己的聪明智慧发明出前所未有的东西。比如，爱迪生发明了电灯。还有一些科技发明是"有中生新"，这些发明的最大特点就是对原有资源和成果进行深度发掘和综合利用。中国古人栽培竹子和对竹子的综合利用，显然就属于后一种情况。

竹子是人们很熟悉的一种植物，它具有生长速度快、繁殖能力强、质地坚韧、茎干中空等特性。中国人充分地把握这些特性，把竹子的各种使用价值发挥到了最大的效力。因此，中国是最早栽培竹子且对竹子的综合利用程度最高的国度。

中国的先民早在新石器时期就对竹子的特性有所认识，并加以利用。据东汉赵晔编写的《吴越春秋》记载，春秋末年，越王勾践曾向楚国的神射手陈音询问有关射猎的事情。陈音在回答越王勾践时引用了一首古老的民歌——《弹歌》："断竹，续竹，飞土，逐宍。"这里"宍"是"肉"的古字。这首《弹歌》反映的就是原始社会狩猎的状况：断竹，指的是砍伐竹子；续竹，用砍伐下来的竹子来制作弹弓；飞土，用竹制的弹弓装上土丸，进行射击；逐肉，通过射击，猎得鸟兽。阅读这首古老的民歌，我们就能知道，早在原始社会，我们的祖先就已经开始用竹子制作弹弓，用来捕猎了。

中国人栽培竹子的历史，至少可以追溯到三千多年以前。在我国第一部诗歌总集《诗经》中，收集了一首叫《淇奥》的诗，其中说："瞻彼淇奥，绿竹猗猗。有匪君子，如切如磋，如琢如磨。""淇"指的是淇水，"奥"指的是河流拐弯的地方，"瞻"是看的意思。"绿竹猗猗"，说的是翠绿的竹子长得赏心悦目。"瞻彼淇奥，绿竹猗猗。"这句诗翻译成现代汉语就是：看那淇水河湾的岸边，长满了翠绿欲滴的竹子，它们多么漂亮！从这句诗中我们可以知道，至迟到春秋时期，中国人就已经开始栽培竹子，种植竹园了。

在盛产竹子的四川地区，人们利用竹子的技术也最先发展到较高的水平。战国时期，中国著名的水利工程专家李冰在四川修建都江堰，在建设这项举世闻名的水利工程时，李冰就利用了竹子茎干中空的特点，大量使用竹子来做水管。到了汉代，四川地区的人们已经能用竹缆绳打出 1 600 米的盐井。这种竹缆绳打井技术要到 19 世纪才传到欧洲。

"植物钢铁"的多重价值

竹子体轻质坚，皮厚中空，弹性和韧性极强，享有"植物钢铁"的美称，是建筑房屋的好材料。在南方，竹楼是寻常百姓家的房舍。西南的一些少数民族（如傣族）至今仍有人住在竹楼里。宋代文学家王禹偁在湖北黄冈做官时，就曾建造竹楼，并写了《竹楼记》，其中写道："夏宜急雨，有瀑布声；冬宜密雪，有碎玉声；宜鼓琴，琴调虚畅；宜咏诗，诗韵清绝；宜围棋，子声丁丁然；宜投壶，矢声铮铮然。皆竹楼之所助也。"

建筑之外，中国人还善于使用竹子做各种器物，比如竹简、笙箫、藤椅、筷子、笔杆等。可以说，在中国人衣食住行的日常生活，随处可见竹子的身影。所以，宋代大文豪苏轼才说："食者竹笋，庇者竹瓦，载者竹筷，爨者竹薪，衣者竹皮，书者竹纸，履者竹鞋，真可谓不可一日无此君也耶？"

竹子还有药用价值。李时珍《本草纲目》载："淡竹叶气味辛，平，大寒，无毒。"主治：心烦、尿赤、小便不利等。苦竹叶气味苦冷、无毒；主治口疮、目痛、失眠、中风等。清代名医曹庭栋编撰的《老老恒言》中也说："竹叶解渴除烦，中暑者宜用竹叶一握，山栀一枚，煎汤去渣下米煮粥，进一二杯即愈。"

竹子开花后会结出像麦子一样的果实，是谓竹实。《神农本草经》中说："实，通神明，轻身益气。"现代的科学研究证明，竹实的营养成分与水稻、麦、玉米相似，除了含有淀粉、蛋白质、脂肪之外，还含有 18 种氨基酸，是一种可开发的药膳资源。还有竹根，《本草纲目》中说："淡竹根煮汁服，除烦热、解丹石发热渴。苦竹根主治心肺五脏热毒气。甘竹根，安胎，止产后烦热。"

君子的品格，竹文化的诞生

能在人们的生活中得到广泛应用的器物，往往就有人对其进行系统的理论总结，从而形成特定的文化。比如，茶叶在中国人的生活中占有重要的地位，于是便有唐代的陆羽写出了《茶经》。竹子也一样，早在晋代，一位叫戴凯的人就写出了《竹经》。这部《竹经》记载了几十种竹子的名称、产地以及竹子的各种用途。如果说《茶经》宣告了茶文化正式诞生的话，那么《竹经》也表明中国有了系统的竹文化。

中国的竹文化中还有一块内容也值得一说，那就是竹子的文化象征。竹子中空，挺直，坚韧，有节，四季常青，这些特点常常被中国文人赋予虚心、正直、积极向上的君子品格。有了这层文化内涵，竹子在中国古人的诗文和绘画中也就不再是简简单单的植物了，而是成了君子人格的一种象征。大家都知道，梅、兰、竹、菊在中国并称"四君子"，松、竹、梅并称"岁寒三友"。"四君子"也好，"岁寒三友"也罢，说到底，都是中国文人在植物界找到的君子人格的代言人。

竹子成为君子人格的象征，充分说明它受到中国人喜爱的程度。这种喜爱程度，我们可以在大量的诗文中得到印证。比如，唐代白居易说："水能性淡为吾友，竹解心虚即我师。"宋代苏轼说："可使食无肉，不可居无竹。无肉令人瘦，无竹令人俗。"宋代徐庭筠说："未出土时先有节，便凌云去也无心。"清代郑板桥说："咬定青山不放松，立根原在破岩中。千磨万击还坚韧，任尔东西南北风。"这些脍炙人口的诗文，充分表现了中国文人对竹子的喜爱以及对竹子所代表的君子人格的推崇。

中国人最早栽培了竹子；

竹石兰蕙图

（清·郑板桥）

中国人全方位地利用了竹子；中国人写出了《竹经》；中国人以竹子比喻君子，一代代地歌咏竹子……所有的这一切，从实用到精神，构成了一个博大精深的竹文化系统。正因如此，英国著名的科学家贝尔纳才说："中国是一个竹子文明的国度。"

划时代的发明——小小的马镫

骑兵为什么能淘汰战车

到草原去旅行的时候，你骑过马吗？如果骑过，那你就一定使用过马镫；如果你没有骑过马，那你也在电视上看过马术表演吧？骑手脚踩马镫、纵马驱驰的潇洒身姿，是不是也会给你留下深刻的印象？

不过，对现代人而言，无论是自己骑马在草原上驰骋，还是观看职业骑手的马术表演，人们的关注点往往是奔驰的骏马和马背上的骑手，而对于其中的一项关键性的技术——马镫，常常会视而不见。其实，马镫这个容易被我们忽略的小物件，实乃中国历史上非常重要的一项科技发明。

为了说清楚马镫的重要性，我们还得从战马说起。马在我国被驯养大约是在新石器晚期。最早，马是用来驾车的，四匹马驾一辆战车叫"一乘"。在春秋时期，如果哪个诸侯国拥有一万辆战车，那就是"万乘之国"，已经是军事实力非常强大的诸侯国了。用马拉着战车作战，这是人类历史上长期存在的一种战争形态。在中国，这种战争形态一直到了战国时期才被淘汰，原因就是战国时期出现了骑兵。

为什么骑兵能取代战车呢？原因很简单，其一，战车要在平原上才能平稳奔跑，使用条件太苛刻，若在山区作战，其劣势就相当明显。其二，与骑兵相比，战车机动性太差。用战车与骑兵作战，即便战车方打赢了，人家骑兵一方掉头就跑，你驾着战车根本追不上。可是，若战车一方打败了，驾着战车逃命，那生还的概率可就很小很小了——骑兵追战车，这个画面想一想就能知道战车的一方的悲惨结局。其三，战国时期，各诸侯国都有了弩箭部队，弩箭是当时的"远程武器"，战车这么大的目标，不正成为人家弩箭的靶子吗？正是基于上述原因，战车这种作战形式在战国时期就被淘汰了。

由马镫迈出的人类的"一小步"

淘汰了战车，骑兵就开始大规模登场了。以骑兵代替战车，可以说是把战争的形态从1.0版本升级到了2.0版本。但是，我们一定要知道，骑兵最早登上历史舞台的时候，

人骑图（局部）

画作中人骑马时，配有马镫。（元·赵孟頫）

马镫这项技术还没有发明出来。比如，大家熟知的赵武灵王推行的"胡服骑射"改革，那时训练出的骑兵，他们骑马时是没有马镫的。大家可以想象一下，没有马镫，将士在骑马时，不但上马时不方便，而且骑上马之后仍然非常辛苦——双腿在马腹的两边空荡荡的悬垂着，没有任何支撑，只能靠着大腿的力量死死地夹紧快速奔跑的战马。所以，在没有马镫技术的年代，要想训练出出色的骑兵，那是一件难度很大的事情，要付出比后来多好几倍的努力。这种情形不仅中国如此，西方也一样。公元前334年，马其顿国王亚历山大率军东征中亚，那个时候，他的骑兵也没有马镫可用，也是两腿空荡荡的悬在马腹两侧。考古发现也证实了这一点，在秦始皇兵马俑的二号坑中出土了许多陶马，这些陶马的身上备有马鞍，但没有马镫。

那么，马镫到底是什么时候才发明出来的呢？专家们根据考古发现推测，在三国时期，中国有了马镫的雏形。过程大概是这样的：中国人先发明出挂在马左侧的单马镫——很显然，这样的马镫只有辅助人上马的功能，还起不到稳定身体的效果。

不过，中国人既然能踩着单马镫从左侧上马了，那慢慢地也就有人开始思考了：为什么不在右侧也加一个马镫呢？于是，在经过若干次的试验之后，到了三国时期，也就有了双马镫的雏形。说到这里，需要提醒大家注意，以后看古代影视剧的时候，大家不妨留意一下，如果拍摄的是三国以前的古代战争戏，而战将们又骑着带有马镫的战马，那就说明这部戏在细节真实上做得不到位，因为三国之前的人们根本不可能享受到马镫这项"高科技"的福利，就像清朝的人不可能使用手机发微信一样。

在考古文物中，目前发现年代最早的双马镫实物，是南京象山七号王氏家族墓出土的东晋陶马，这个陶马的身上不仅有了马鞍，而且马鞍的两侧还挂着马镫！这个墓的主人叫王廙，这个王廙是大书法家王羲之的叔父，是东晋时期著名的书画家、文学家，他卒于322年。这说明，东晋之时，双马镫技术已经相当成熟了。

欧洲骑士时代的"一大步"

马镫发明之后，骑兵与马连接为一体。骑在马背上的人凭借着马镫所赋予的稳定性，解放出双手。双手充分解放之后，骑兵就可以在飞驰的战马上且骑且射，还可以在马背上左右大幅度摆动兵器，完成左劈右砍的动作。由此，马镫使马上白刃战成为一种全新的战斗方式，人类战争史也迎来了骑兵所向披靡的年代。对此，英国科技史学家怀特说："很少有发明像马镫那样简单，而又很少有发明具有如此重大的历史意义。马镫把畜力应用在短兵相接之中，让骑兵与马结为一体。"正因为如此，马镫被认为是中国古代的一项非常重要的发明，在人类发展史上都具有划时代的意义，有人甚至认为其重要性可以与轮子和印刷术相提并论。

中国人掌握了马镫技术之后，很快将其传播到了东亚北部地区，并通过游牧民族向西传入拜占庭帝国。此后，北欧、西欧等地也陆续掌握了马镫技术。

马镫技术传到欧洲之后，对欧洲骑士阶层的形成以及中世纪的历史都产生了深远的影响。英国科技史权威李约瑟博士说："就像中国的火药在封建主义的最后阶段帮助摧毁了欧洲封建制度一样，中国的马镫在最初却帮助了欧洲封建制度的建立。"

一项伟大的技术创新，一旦开始启动，就会慢慢地溢出自身的领域，对人类生活的方方面面产生巨大的影响。技术进步的巨大力量正体现于此，我们今天所享受的互联网是这样，中国古人发明出的马镫，也是如此。